AF314959

TABLES

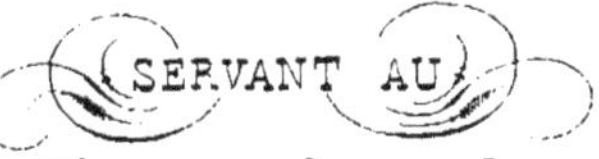

SERVANT AU

tracé des Circonférences de cercle sur le terrain,

DRESSÉES

pour les Études & la Construction

des Chemins de fer

DES ARDENNES,

Sous la Direction

de M. Edouard DUCOS,

Ingénieur en Chef des Ponts et Chaussées.

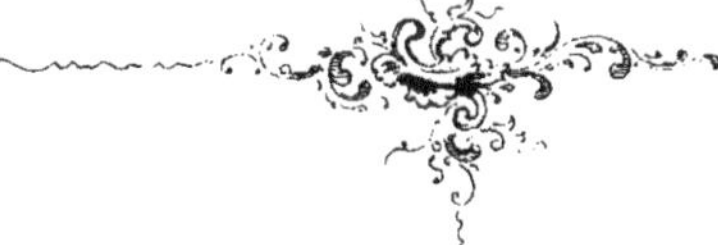

Se vend chez **BLANCHARD,**

Imprimeur - Lithographe - Libraire,

A MÉZIÈRES.

1860

Instruction
sur l'usage et la construction des tables.

L'usage des tables étant la partie de cette instruction la plus importante pour les agents qui les auront entre les mains, c'est par les indications relatives à la manière de les employer que nous allons commencer.

Usage des tables.

Les tables donnent pour des arcs croissant de 10 mètres en 10 mètres :
1°. Les angles au centre correspondant à ces arcs.

2°. Les Sinus

3°. Les Sinus-verses

de ces angles au centre ou

les abcisses et les ordonnées

des points extrèmes de ces arcs, leur origine étant au point de tangence et les abcisses étant comptées sur la tangente, les ordonnées sur le rayon perpendiculaire à cette tangente.

La première condition à remplir est donc le tracé des 2 alignements à raccorder, et la détermination, sur ces alignements, des points où la circonférence de raccordement doit leur être tangente ; on suppose le rayon fixé d'avance.

soient AB et BC les alignements à raccorder, & leur angle ABC, R le rayon de la circonférence que l'on veut employer pour raccordement, X, la longueur BA, BC des tangentes à déterminer ; ρ le rayon des tables de logarithmes des lignes trigonométriques, ou $10,000,000,000$, on aura :

$$X = R \, \tan g \, B.O.C$$

mais $B.O.C + O.B.C = 90°$ donc $B.O.C = 90° - O.B.C = 90° - \frac{\alpha}{2}$

d'où $X = R \, \tan g \, (90° - \frac{\alpha}{2}) = R \, \text{Cotg.} \, \frac{\alpha}{2}$: prenant les logarithmes des deux membres on aura :

$$\lg. X = \lg. R + \lg. \cot g. \frac{\alpha}{2} - \lg. \rho = \lg. R + \lg. \cot g \frac{\alpha}{2} - 10.$$

Cette équation détermine la valeur de $\log X$ et par suite celle de X. On connaîtra donc les points de tangence $A. C$, en portant la longueur X de B en A et de B en C.

Supposons maintenant que nous voulions déterminer le premier point de l'arc de cercle que font connaître les tables à partir du point de tangence ; sur BC à partir du point C, et en marchant vers B, on chaînera la longueur du premier nombre de la colonne sinus ou abcisse de la table de rayon R ; soit D le point extrème de cette longueur ; au point D, on élèvera à l'équerre une perpendiculaire DE à BC, dirigée vers l'intérieur de l'angle ; puis, à partir du point D sur cette perpendiculaire, on portera de D en E

la longueur indiquée par le premier nombre de la colonne sinus-verse ou ordonnée ; le point **E** sera le point de la courbe cherchée.

Pour avoir le point suivant, on portera de C en D' la deuxième longueur de la colonne sinus de la table (rayon **R**) ; en D' on élèvera la perpendiculaire **D'E'** représentant en longueur la deuxième valeur de la colonne sinus-verse ou ordonnée ; **E'** sera le second point de la courbe.

On continuera ainsi jusqu'à ce qu'on ait dépassé le milieu de l'arc, puis on opèrera sur la deuxième tangente **A.B** comme on l'a fait sur **B C**, en dépassant également le milieu de l'arc ; il est clair qu'en procédant ainsi on obtiendra de chaque côté du point **F**, milieu de l'arc, des portions de courbes déterminées par les deux constructions différentes et qui devront coïncider entre elles, si la construction a été bien faite.

On peut d'ailleurs comme vérification nouvelle, déterminer le point milieu de l'arc directement ; on connaît, en effet la direction de la bissectrice **B O** de l'angle $\widehat{ABC} = \alpha$.

Il suffit pour la tracer de mener une ligne qui fasse avec **B C** ou **B A**, l'angle $\frac{1}{2}\alpha$

Pour connaître la longueur **B F** à porter sur cette direction à partir du point **B**, afin de déterminer le point **F**, il suffit de remarquer que :

$$\mathbf{BF} = \mathbf{BO} - \mathbf{OF} = \sqrt{\overline{OB}^2 + \overline{OC}^2} - \mathbf{R} = \sqrt{\overline{R}^2 + \overline{X}^2} - \mathbf{R}$$

On connaît à priori **R** que l'on s'est donné, on connaît également **X** que l'on a dû calculer tout d'abord pour déterminer les points de tangence, on connaîtra donc **B O** et par suite **B F**.

Faisons une application. Supposons deux alignements **B A**, **B C** faisant entre eux un angle de 162°. 20' que l'on veut raccorder par une courbe de 1200 mètres de rayon ; on a : $\alpha = 162°. 20'$; $\frac{1}{2}\alpha = 81°. 10'$; $90° - \frac{\alpha}{2} = 8°. 50'$; **R** = 1200 Mètres ; dès lors on a : $\mathbf{X} = 1200 \times \text{cotg. } 81°. 10'$ et par suite : lg. **X** = lg. 1200 + lg. cotg. 81°.10 − 10.

$$\text{lg. } 1200 = 3.079\,1.8\,12$$
$$\text{lg. cotg. } 81°.10' = 9.191\,4\,6\,21$$
$$\text{lg. } \mathbf{X} = 12.270\,6\,433 - 10 = 2,270\,6\,433.$$

D'où **X** = 186.48 . lg. $\overline{X}^2$ = 2 lg.**X** = 4,5412866   d'où $\overline{X}^2$ = 34776, 55

d'ailleurs $\overline{R}^2$ = 1440000.00

Donc $\overline{R}^2 + \overline{X}^2 = 1474776.55$

lg. $\overline{R}^2 + \overline{X}^2$ = 6,1687263 ; lg. $\sqrt{\overline{R}^2 + \overline{X}^2} = \frac{1}{2}$ lg. $\overline{R}^2 + \overline{X}^2$ = 3,0843631.

d'où   **O B** = 1214. 40
mais   **R** = 1200. 00
donc   **B F** = 14. 40

D'ailleurs la distance **C D** sera dans ce cas particulier = 10ᵐ 00
D E ——— id ——— = 0. 05
C D' ——— id ——— = 20. 00
D'E' ——— id ——— = 0. 17

et l'on continuerait ainsi jusqu'à $CD^{xx} = \sin 9°. 4'. 18". 57 > \sin. 8°. 50' = 180". 21.$

$$D^{xx} E^{xx} = 15". 09.$$

ce qui donnerait le point au-delà du milieu F de l'arc AFC ; on pourrait même déterminer le point qui suivrait immédiatement.

Nous pensons que cette application suffira pour lever tous les doutes des agents sur la manière de se servir des tables.

Changement de tangente.

Quand l'angle A B C ne sera pas très-ouvert, quoique R soit très grand, on serait conduit à chaîner sur B C qui deviendrait très-grand, des abscisses très-grandes elles mêmes, et qui correspondraient à des ordonnées également longues à chaîner, par suite, des erreurs seraient à craindre dans ces chaînages, et dès lors, dans les points de la courbe déterminés par leurs moyens. On pourra éviter cet inconvénient en construisant une tangente nouvelle de la courbe.

Dans le plus grand nombre des cas, il suffira de construire la tangente au point F milieu de l'arc, que l'on déterminerait par le petit calcul indiqué ci-dessous ; cette tangente DE est parallèle à la corde A C des contacts, ou perpendiculaire sur la direction BF connue.

L'angle FEC des deux nouvelles tangentes est d'ailleurs très-facile à déterminer ; en effet on a :

$$FEC = 180°. - BOC \; ; \quad BOC = 90°. - \frac{\alpha}{2} \quad \text{d'où}$$
$$FEC = 180°. - (90°. - \frac{\alpha}{2}) = 90°. + \frac{\alpha}{2}$$

Il suffirait alors de construire les deux courbes tangentes d'une part à F E et E C en C et F (FE=CE, car les deux triangles FEO, OEC sont égaux comme triangles rectangles ayant l'hypothénuse commune et un côté de l'angle droit égal) et d'autre part, à FD et DA . Ces deux courbes n'en formeraient évidemment qu'une seule tangente à DE au point F. On voit à la seule inspection de la figure , combien les chaînages à faire seront diminués par cette construction auxiliaire.

Si elle ne suffisait pas encore, on pourrait recommencer pour F E et E C, D F, et D A ce que l'on a fait pour les alignements primitifs ; on arrivera toujours ainsi à n'avoir que peu de points d'ordonnées très-longues.

Les points E et D peuvent d'ailleurs se déterminer directement ; on a en effet, $EC = \dfrac{R \text{ tang}. EOC}{p} = \dfrac{R \, tg \frac{1}{2} FOC}{p} = \dfrac{R \, tg \frac{1}{2} (90°. - \frac{\alpha}{2})}{p}$;

R et p ayant le même sens qui leur a été attribué précédemment, d'où :

$lg . EC = lg R + lg . tg . \frac{1}{2} (90°. - \frac{\alpha}{2}) - 10 .$ Appliquons à l'exemple précédent, on a :

$$lg . R = lg . 1200 = 3,079.1812$$
$$lg . tg . \frac{1}{2} (90°. - \frac{\alpha}{2}) = lg . tg . 4°. 25' = 8,887\,8334.$$
$$\text{d'où } lg . EC = 11,9670146 - 10 = 1,9670146.$$

$$d' \text{ où } EC = 92,686.$$

On voit que ce calcul peut servir à vérifier la position du point F, déterminé comme on l'a dit plus haut, ce point coupe en effet le milieu de **DE**.

Il n'est pas nécessaire, du reste, de chercher le point milieu de l'arc **AC** et de construire la tangente en ce point ; quelque soit le moment du tracé auquel on est parvenu, on peut immédiatement, si l'on trouve les chaînages trop longs, construire une nouvelle tangente.

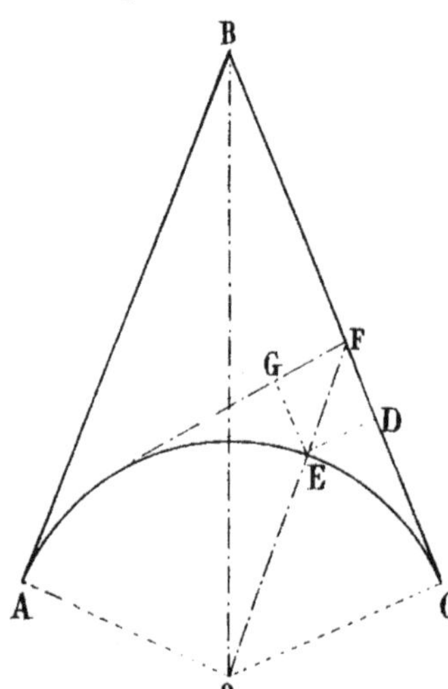

Supposons, en effet, que nous sommes arrivés en un point **D** quelconque par le chaînage des abcisses sur la tangente.

Le point **D** nous a donné un point **E** de la courbe en portant la longueur de l'ordonnée des tables sur la perpendiculaire **DE** à **DC**. Supposons que nous n'en voulons pas construire de plus grande. Par la pensée, joignons le point **O**, centre du cercle, au point **E**, et prolongeons **OE** jusqu'à sa rencontre en **F** avec la tangente ; l'angle **FED = FOC**, ou l'angle donné par les tables ; au point **F** et par la ligne **EF** faisons l'angle **GEF = FED**

C ou l'angle des tables et prenons **GE = ED** ordonnée des tables, le point **G** sera un point de la tangente au cercle passant par le point **F** et égale en longueur à **FC** ; cette tangente sera d'ailleurs perpendiculaire en **G** à la ligne **GE** ; on pourra donc la construire et comme vérification, mesurer les quantités **GF** et **FD** qui devront être égales. Cette méthode pourra toujours s'appliquer ; pour cela, sans construire **EF**, il suffira, **DE** étant tracé, de faire l'angle **GED** égal au double de l'angle des tables, de prendre **GE** à partir de **E = ED** ordonnée des tables, et en **G** de mener une perpendiculaire sur **GE**.

Construction des Tables.

Pour construire ces tables nous avons commencé par calculer la longueur de la circonférence du rayon **R** proposé. Divisant cette longueur par 360°, nous avons eu la longueur de l'arc correspondant à un angle au centre de 1°. Divisant l'arc de 1° par 60, nous avons obtenu l'arc correspondant à un angle au centre de 1'. Divisant de nouveau ce résultat par 60, nous avons obtenu l'arc correspondant à un angle au centre de 1''. Si maintenant nous divisons l'unité par la longueur trouvée pour l'arc de 1'', nous aurons pour quotient le nombre de secondes et la fraction de secondes contenues dans l'angle au centre qui correspond à un arc de un mètre. Cette division a été poussée, comme les précédentes, à la 6° décimale au moins, pour plus d'exactitude, et afin qu'en multipliant ensuite ce chiffre par 1000 pour avoir l'angle correspondant à un arc de 1000^m, l'erreur ne vient pas encore entacher les centièmes de secondes approximatives des tables de logarithmes de Callet.

Nous avons ensuite formé un tableau de 4 colonnes; la 1re contient les arcs de 10^m en 10^m de longueur; la 2e les angles au centre qui y correspondent, la 3e, les sinus de ces angles ou abcisses; la 4e, les sinus-verses ou ordonnées.

La formation de la 1re colonne est évidente.

La deuxième colonne s'obtient en multipliant le nombre correspondant de la première par l'angle correspondant à 1^m, ou, ce qui revient au même, en ajoutant à lui-même l'angle correspondant à 1^m multiplié par 10, autant de fois que l'on a de dixaines dans le nombre de la 1re colonne. Chaque nombre s'obtiendra par suite en ajoutant le 1er de la colonne au nombre immédiatement précédent.

Pour trouver le nombre de la 3e colonne, nous avons remarqué que R étant le rayon de la courbe, ρ le rayon du cercle adopté pour les lignes des tables de logarithmes trigonométriques de Callet, on aura, en désignant par X le nombre cherché, par α l'angle de la 2e colonne auquel il doit correspondre, $X = R \sin . \alpha$, d'où lg. $X = $ lg R + lg. sinus $\alpha - 10$. Nous avons obtenu les logarithmes des nombres de la 3e colonne et par suite ces nombres eux-mêmes.

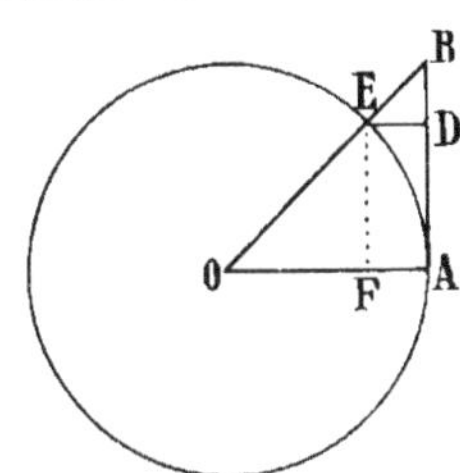

Quant au sinus-verse DE on a toujours:
$$DE = OA - OF = R - OF$$
mais d'ailleurs OF est le cosinus de l'angle BOA pour le rayon R, et les lignes trigonométriques étant proportionnelles aux rayons des cercles, on aura, en désignant ce cosinus par Y, α étant toujours l'angle au centre.
$$\frac{OF}{R} = \frac{\cos . \alpha}{\rho} \quad \text{d'où} \quad OF = \frac{R \cos . \alpha}{\rho}.$$

Par conséquent, pour avoir les sinus-verses ou ordonnées, nous avons calculé les valeurs de Y correspondantes à toutes les valeurs de la 2e colonne, et retranché successivement ces valeurs du rayon constant, de la courbe, les restes ont donné les quantités cherchées qui ont composé la 4e et dernière colonne de chaque tableau.

Comme application, proposons-nous de calculer les trois nombres à inscrire dans les colonnes 2, 3, 4, le rayon étant de 750^m, et la table calculée jusqu'au nombre 360^m de la 1re par hypothèse.

Le nombre de la 1re colonne est 370.

Celui de la 2e est égal au précédent 27° 30' 7" 18 augmenté de la constante 0° 45' 50" 20, ce qui nous donne 28° 15' 57. 38.

Calculons le nombre de la colonne 3, on a lg. $X = $ lg. 750 + lg. sin. 28° 15' 57" 38 $- 10$
$$\text{lg. } 750 = 2.8750613$$
$$\text{lg. sin. } 28° 15' 57" 38 = 9.6753788$$
$$\text{lg. } X = 12.5504401 - 10 = 2.5504401.$$
$$\text{d'où } X = 355.17.$$

quant au sinus-verse on a : $lg. Y = lg. 750 + lg. \cos 28°. 15'. 57''. 38 - 10$

$$lg. 750 = 2.8750613$$
$$lg. \cos 28°. 15'. 57''. 38 = 9.9449252$$
$$lg. Y = 12.8199865 - 10 = 2.8199865.$$

d'où $Y = 660.67$; par conséquent :

$R - Y = 750. - 660.67 = 89$ mètres $33.$

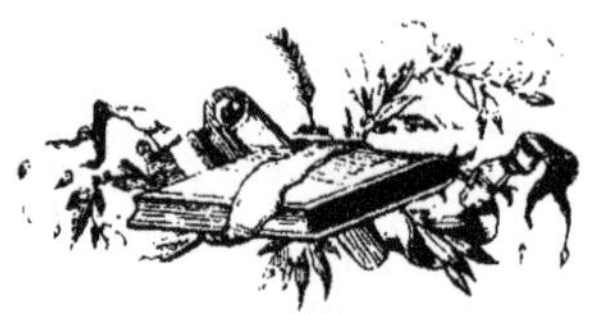

TABLES

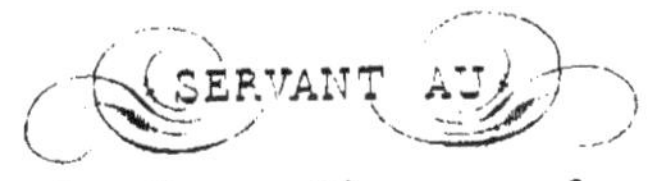

tracé des Circonférences de cercle

sur le terrain,

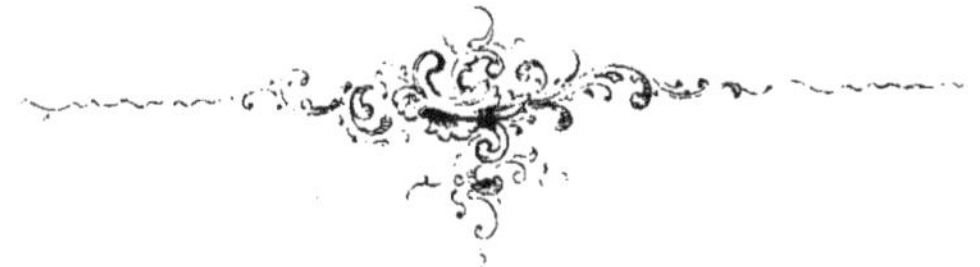

CIRCONFÉRENCE D'UN RAYON DE 100.^M

R = 100.^M

Longueur de la circonférence 2 π R = 3.1415926 × 200 = 628.^m 31852.

Longueur de l'arc correspondant à

$$1° \ 0' \ 0'' \dots \frac{2 \pi R}{360} = 1 \ . \ 74,5329$$

$$0° \ 1' \ 0'' \dots \frac{2 \pi R}{21600} = 0 \ . \ 0290890$$

$$0° \ 0' \ 1'' \dots \frac{2 \pi R}{1296000} = 0 \ . \ 0004848$$

Angle correspondant à un arc de 1.^m .... $\dfrac{1296000}{2 \pi R} = 34'. \ 22.648.$

Arcs.	Angles.	Sinus ou Abscisses.	Sinus-verses ou Ordonnés R.(1-cos).	Arcs.	Angles.	Sinus ou Abscisses.	Sinus-verses ou Ordonnés R.(1-cos).
m.	° ' ''	m	m	m	° ' ''	m	m.
5	2. 51. 53. 24	4. 99	0. 13				
10	5. 43. 46. 48	9. 99	0. 50				
15	8. 35. 39. 72	14. 94	1. 12				
20	11. 27. 32. 96	19. 87	1. 99				
25	14. 19. 26. 20	24. 74	3. 11				
30	17. 11. 19. 44	29. 55	4. 47				
35	20. 03. 12. 69	34. 29	6. 06				
40	22. 55. 05. 92	38. 94	7. 89				
45	25. 46. 59. 16	43. 49	9. 96				
50	28. 38. 52. 40	47. 94	12. 24				
55	31. 30. 45. 64	52. 27	14. 74				
60	34. 22. 38. 88	56. 46	17. 46				
65	37. 14. 32. 10	60. 52	20. 40				
70	40. 06. 25. 36	64. 42	23. 51				
75	42. 58. 18. 60	68. 16	26. 83				
80	45. 50. 11. 84	71. 71	30. 33				
85	48. 42. 05. 08	75. 13	34. 00				
90	51. 53. 58. 32	78. 33	37. 84				
95	54. 25. 51. 56	81. 34	41. 83				
100	57. 17. 44. 80	84. 15	45. 97				

Arcs.	Angles.	Sinus ou Abcisses.	Sinus-verses ou Ordonnés R (1-cos).	Arcs.	Angles.	Sinus ou Abcisses.	Sinus-verses ou Ordonnés R (1-cos)
m	0 . "	"	"	"	' . "	"	"

CIRCONFÉRENCE D'UN RAYON DE 150 M.

R = 150 M.

Longueur de la circonférence $2\pi R = 3,1415926 \times 300 = 942^{m}\,4778$

Longueur de l'arc correspondant à :

$$1° \ 0' \ 0''\ \dots\ \frac{2\pi R}{360} = 2.61798$$

$$0° \ 1' \ 0''\ \dots\ \frac{2\pi R}{21600} = 0.043633$$

$$0° \ 0' \ 1''\ \dots\ \frac{2\pi R}{1296000} = 0.00727216$$

Angle correspondant à un arc de 1^{m} .... $\dfrac{1296000}{2\pi R} = 22'55''\,09912$.

Arcs.	Angles.	Sinus ou Abscisses	Sinus-verses ou Ordonnés R.(1-cos).	Arcs.	Angles.	Sinus ou Abscisses	Sinus-verses ou Ordonnés R.(1-cos).
m	° ' ''	m	m	m	° ' ''	m	m
10	3.49.10.98	9.99	0.33	210			
20	7.38.21.96	19.94	1.33	220			
30	11.27.32.94	29.80	2.99	230			
40	15.16.43.92	39.52	5.30	240			
50	19.05.54.93	49.08	8.26	250			
60	22.55.05.91	58.41	11.84	260			
70	26.44.16.89	67.48	16.05	270			
80	30.33.27.87	76.26	20.83	280			
90	34.22.38.85	84.69	26.20	290			
100	38.11.49.86	92.75	32.12	300			
110	42.01.00.84	100.40	38.56	310			
120	45.50.11.82	107.60	45.49	320			
130	49.39.22.80	114.32	52.89	330			
140	53.28.33.78	120.54	60.72	340			
150	57.17.44.79	126.22	68.95	350			
160	61.06.55.77	131.33	77.54	360			
170	64.56.06.75	135.87	86.45	370			
180	68.45.17.73	139.80	95.65	380			
190	72.34.28.71	143.11	105.08	390			
200	76.23.39.72	145.76	114.71	400			

Arcs.	Angles.	Sinus ou Abcisses.	Sinus-versés ou Ordonnés R (1-cos).	Arcs.	Angles.	Sinus ou Abcisses.	Sinus-versés ou Ordonnés R (1-cos).
m	0 , ,,	"	m	m	0 , ,,	"	m
410				720			
420				730			
430				740			
440				750			
450				760			
460				770			
470				780			
480				790			
490				800			
500				810			
510				820			
520				830			
530				840			
540				850			
550				860			
560				870			
570				880			
580				890			
590				900			
600				910			
610				920			
620				930			
630				940			
640				950			
650				960			
660				970			
670				980			
680				990			
690				1000			
700				1010			
710				1020			

CIRCONFÉRENCE D'UN RAYON DE 200.ᴹ

R = 200 .ᴹ

Longueur de la circonférence 2 π R = 3,1415926 × 400 = 1256ᵐ 63704.

Longueur de l'arc correspondant à
$$\begin{cases} 1° \ 0' \ 0'' \dots \dfrac{2\pi R}{360} = 3 . 490658 \\[2mm] 0° \ 1' \ 0'' \dots \dfrac{2\pi R}{21600} = 0 . 0581780 \\[2mm] 0° \ 0' \ 1'' \dots \dfrac{2\pi R}{1296000} = 0 . 0009696 \end{cases}$$

Angle correspondant à un arc de 1ᵐ .... $\dfrac{1296000}{2\pi R}$ = 17'. 11''. 324.

Arcs.	Angles.	Sinus ou Abscisses.	Sinus-verses ou Ordonnés R (1-cos).	Arcs.	Angles.	Sinus ou Abscisses.	Sinus-verses ou Ordonnés R (1-cos).
ᵐ	° ′ ″	ᵐ	ᵐ	ᵐ	° ′ ″	ᵐ	ᵐ
5	1. 25. 56. 62	5. 00	0. 06	105	30. 04. 49. 02	100. 24.	26. 44.
10	2. 51. 53. 24	9. 99	0. 25	110	31. 30. 45. 64.	104. 54	29. 49
15	4. 17. 49. 86	14. 98	0. 56	115	32. 56. 42. 26	108. 77	32. 16
20	5. 43. 46. 48	19. 97	1. 00	120	34. 22. 38. 88	112. 93	34. 93
25	7. 09. 43. 10	24. 93	1. 56	125	35. 48. 35. 50	117. 02	37. 81
30	8. 35. 39. 72	29. 89	2. 25	130	37. 14. 32. 12	121. 04	40. 78
35	10. 01. 36. 34	34. 82	3. 05	135	38. 40. 28. 74	124. 98	43. 86
40	11. 27. 32. 96	39. 74	3. 97	140	40. 06. 25. 36	128. 84	47. 03
45	12. 53. 29. 58	44. 62	5. 04	145	41. 32. 21. 98	132. 63	50. 30
50	14. 19. 26. 20	49. 48	6. 22	150	42. 58. 18. 60	136. 33	53. 66
55	15. 45. 22. 82.	54. 31	7. 51	155	44. 24. 15. 22	139. 94	57. 11
60	17. 11. 19. 44	59. 10	8. 93	160	45. 50. 11. 84	143. 47	60. 66
65	18. 37. 16. 06	63. 86	10. 47				
70	20. 03. 12. 68	68. 58	12. 13				
75	21. 29. 09. 30	73. 25	13. 90				
80	22. 55. 05. 92	77. 88	15. 79.				
85	24. 21. 02. 54	82. 46	17. 79				
90	25. 46. 59. 16	86. 99	19. 91				
95	27. 12. 55. 78	91. 48	22. 14				
100	28. 38. 52. 40	95. 87	24. 48				

Arcs.	Angles.	Sinus ou Abcisses.	Sinus-verses ou Ordonnés R (1-cos).	Arcs.	Angles.	Sinus ou Abcisses.	Sinus-verses ou Ordonnés R (1-cos).
m	o , ,,	m	m	m	o , ,,	m	m

CIRCONFÉRENCE D'UN RAYON DE 250 M.

R = 250 M.

Longueur de la circonférence $2\pi R = 3,1415926 \times 500 = 1570^{m}.7963$.

Longueur de l'arc correspondant à :

$$1^\circ\ 0'\ 0'' \ldots \ldots \frac{2\pi R}{360} = 4.3633$$

$$0^\circ\ 1'\ 0'' \ldots \ldots \frac{2\pi R}{21600} = 0.0727$$

$$0^\circ\ 0'\ 1'' \ldots \ldots \frac{2\pi R}{1296000} = 0.00121$$

Angle correspondant à un arc de 1^m \ldots \ldots $\frac{1296000}{2\pi R} = 13'.45''.05924$

Arcs.	Angles.	Sinus ou Abscisses.	Sinus-verses ou Ordonnés R(1-cos).	Arcs.	Angles.	Sinus ou Abscisses.	Sinus-verses ou Ordonnés R(1-cos).
m	° ' ''	m	m	m	° ' ''	m	m
10	2. 17. 30. 60	10.00	0.20	210	48.07.42.60	186.16	83.13
20	4.35.01.20	19.97	0.80	220	50.25.13.20	197.65	90.71
30	6.52.31.80	29.93	1.80	230	52.42.43.80	198.90	98.54
40	9.10.02.40	39.83	3.19	240	55.00.14.40	204.80	106.62
50	11.27.33.00	49.67	4.98	250	57.17.45.00	210.37	114.92
60	13.45.03.60	59.42	7.16	260	59.35.15.60	215.60	123.44
70	16.02.34.20	69.07	9.73	270	61.52.46.20	220.49	132.17
80	18.20.04.80	78.64	12.69	280	64.10.16.80	225.02	141.08
90	20.37.35.40	88.07	16.02	290	66.27.47.40	229.20	150.16
100	22.55.06.00	97.35	19.73	300	68.45.18.00	233.01	159.41
110	25.12.36.60	106.48	23.81	310	71.02.48.60	236.44	168.80
120	27.30.07.20	115.44	28.25	320	73.20.19.20	239.50	178.32
130	29.47.37.80	124.22	33.04	330	75.37.49.80	242.18	187.93
140	32.05.08.40	132.79	38.18	340	77.55.20.40	244.46	197.69
150	34.22.39.00	141.16	43.66	350	80.12.51.00	246.36	207.51
160	36.40.09.60	149.30	49.47	360	82.30.21.60	247.86	217.39
170	38.57.40.20	157.20	55.60	370	84.47.52.20	248.97	227.33
180	41.15.10.80	164.84	62.05	380	87.05.22.80	249.67	237.31
190	43.32.44.40	172.23	68.79	390	89.22.53.40	249.98	247.30
200	45.50.12.00	179.34	75.82	400	91.40.24.00	249.99	247.69

Arcs.	Angles.	Sinus ou Abcisses.	Sinus-versés ou Ordonnés R (1-cos).	Arcs.	Angles.	Sinus ou Abcisses.	Sinus-versés ou Ordonnés R (1-cos).
m	o , "	m	m	m	o , "	m	m
410				720			
420				730			
430				740			
440				750			
450				760			
460				770			
470				780			
480				790			
490				800			
500				810			
510				820			
520				830			
530				840			
540				850			
550				860			
560				870			
570				880			
580				890			
590				900			
600				910			
610				920			
620				930			
630				940			
640				950			
650				960			
660				970			
670				980			
680				990			
690				1000			
700				1010			
710				1020			

CIRCONFÉRENCE D'UN RAYON DE 300 M.

R = 300 M.

Longueur de la circonférence $2 \pi R = 3,1415926 \times 600 = 1884^{m} 9555$

Longueur de l'arc correspondant à
$$1^{\circ}\ 0'\ 0'' \ldots \ldots \frac{2 \pi R}{360} = 5.2359$$
$$0^{\circ}\ 1'\ 0'' \ldots \ldots \frac{2 \pi R}{21600} = 0.087266$$
$$0^{\circ}\ 0'\ 1'' \ldots \ldots \frac{2 \pi R}{1296000} = 0.00145443$$

Angle correspondant à un arc de $1^{m} \ldots \ldots \frac{1296000}{2 \pi R} = 11'27''.54956$

Arcs	Angles	Sinus ou Abscisses	Sinus-verses ou Ordonnés R(1-cos)	Arcs	Angles	Sinus ou Abscisses	Sinus-verses ou Ordonnés R(1-cos)
m	° ′ ″	m	m	m	° ′ ″	m	m
10	1 . 54 . 35 . 49	10.00	0. 17	210	40 . 06 . 25 . 35	193. 26	70. 55
20	3 . 49 . 10 . 98	19.98	0. 67	220	42 . 01 . 00 . 84	200. 81	77. 12
30	5 . 43 . 46 . 47	29.95	1. 50	230	43 . 55 . 36 . 33	208. 12	83. 93
40	7 . 38 . 21 . 96	39.88	2. 66	240	45 . 50 . 11 . 82	215. 21	90. 99
50	9 . 32 . 57 . 45	49.77	4. 16	250	47 . 44 . 47 . 31	222. 05	98. 28
60	11 . 27 . 32 . 94	59.60	5. 98	260	49 . 39 . 22 . 80	228. 65	105. 79
70	13 . 22 . 08 . 43	69.36	8. 14	270	51 . 33 . 58 . 29	235. 00	113. 52
80	15 . 16 . 43 . 92	79.05	10. 60	280	53 . 28 . 33 . 78	241. 08	121. 45
90	17 . 11 . 19 . 41	88.65	13. 40	290	55 . 23 . 09 . 27	246. 90	129. 59
100	19 . 05 . 54 . 93	98.16	16. 52	300	57 . 17 . 44 . 79	252. 44	137. 91
110	21 . 00 . 30 . 42	107. 55	19. 95	310	59 . 12 . 20 . 28	257. 70	146. 41
120	22 . 55 . 05 . 91	116. 83	23. 69	320	61 . 06 . 55 . 77	262. 67	155. 09
130	24 . 49 . 41 . 40	125. 97	27. 74	330	63 . 01 . 31 . 26	267. 36	163. 93
140	26 . 44 . 16 . 89	134. 97	32. 10	340	64 . 56 . 06 . 75	271. 75	172. 91
150	28 . 38 . 52 . 38	143. 83	36. 73	350	66 . 50 . 42 . 24	275. 83	182. 03
160	30 . 33 . 27 . 87	152. 52	41. 67	360	68 . 45 . 17 . 73	279. 61	191. 30
170	32 . 28 . 03 . 36	161. 05	46. 89	370	70 . 39 . 53 . 22	283. 07	200. 67
180	34 . 22 . 38 . 85	169. 39	52. 40	380	72 . 34 . 28 . 71	286. 23	210. 16
190	36 . 17 . 14 . 34	177. 55	58. 18	390	74 . 29 . 04 . 20	289. 06	219. 75
200	38 . 11 . 49 . 86	185. 51	64. 24	400	76 . 23 . 39 . 72	291. 58	229. 43

Arcs.	Angles.	Sinus ou Abcisses.	Sinus-versés ou Ordonnés R(1-cos).	Arcs.	Angles.	Sinus ou Abcisses.	Sinus-versés ou Ordonnés R(1-cos).
m	o , ʺ	m	m	m	o , ʺ		
410				720			
420				730			
430				740			
440				750			
450				760			
460				770			
470				780			
480				790			
490				800			
500				810			
510				820			
520				830			
530				840			
540				850			
550				860			
560				870			
570				880			
580				890			
590				900			
600				910			
610				920			
620				930			
630				940			
640				950			
650				960			
660				970			
670				980			
680				990			
690				1000			
700				1010			
710				1020			

CIRCONFÉRENCE D'UN RAYON DE 350 ᴹ

R = 350 ᴹ

Longueur de la circonférence $2\pi R = 3{,}1415926 \times 700 = 2199{.}^{m}1148$

Longueur de l'arc correspondant à
$1^\circ\ 0'\ 0''\ \ldots\ldots\ \dfrac{2\pi R}{360} = 6{.}1086522.$

$0^\circ\ 1'\ 0''\ \ldots\ldots\ \dfrac{2\pi R}{21600} = 0{.}10181085$

$0^\circ\ 0'\ 1''\ \ldots\ldots\ \dfrac{2\pi R}{1296000} = 0{.}001619686$

Angle correspondant à un arc de $1^{m}\ \ldots\ldots\ \dfrac{1296000}{2\pi R} = 9'\ 49''\ 328.$

Arcs	Angles	Sinus ou Abscisses	Sinus-verses ou Ordonnés R(1-cos)	Arcs	Angles	Sinus ou Abscisses	Sinus-verses ou Ordonnés R(1-cos)
m	° ' "	m	m	m	° ' "	m	m
10	1. 38. 13. 28	10. 00	0. 15	210			
20	3. 16. 26. 56	19. 99	0. 53	220			
30	4. 54. 39. 84	29. 96	1. 28	230			
40	6. 32. 53. 12	39. 91	2. 28	240			
50	8. 11. 06. 40	49. 83	3. 56	250			
60	9. 49. 20. 08	59. 71	5. 14	260			
70	11. 27. 32. 96	69. 54	6. 98	270			
80	13. 05. 46. 24	79. 31	9. 10	280			
90	14. 43. 59. 52	89. 01	11. 51	290			
100	16. 22. 12. 80	98. 65	14. 19	300			
110	18. 00. 26. 08	108. 19	17. 15	310			
120	19. 38. 39. 36.	117. 69	20. 37.	320			
130	21. 16. 52. 64.	127. 04	23. 87	330			
140	22. 55. 05. 92.	136. 29	27. 63	340			
150	24. 33. 19. 20	145. 45	31. 65	350			
160	26. 11. 32. 48	154. 49	35. 94	360			
170	27. 49. 45. 76.	163. 39	40. 48	370			
180	29. 27. 59. 04.	172. 17	45. 27	380			
190	31. 06. 12. 32	180. 80	50. 32	390			
200	32. 44. 25. 60	189. 29	55. 61	400			

Arcs.	Angles.	Sinus ou Abcisses.	Sinus verses ou Ordonnés R (1-cos).	Arcs.	Angles.	Sinus ou Abcisses.	Sinus verses ou Ordonnés R (1-cos).
m	0 , ,,	m	m	m	0 , ,,	m	m
410				720			
420				730			
430				740			
440				750			
450				760			
460				770			
470				780			
480				790			
490				800			
500				810			
510				820			
520				830			
530				840			
540				850			
550				860			
560				870			
570				880			
580				890			
590				900			
600				910			
610				920			
620				930			
630				940			
640				950			
650				960			
660				970			
670				980			
680				990			
690				1000			
700				1010			
710				1020			

CIRCONFÉRENCE D'UN RAYON DE 400 ${}^{\text{M}}$

R = 400 ${}^{\text{M}}$

Longueur de la circonférence $2\pi R = 3,1415926 \times 800$ $2513^{\text{m}}\,27408$

Longueur de l'arc correspondant à
$$1^{\circ}\ 0'\ 0''\ \ldots\ldots\ \frac{2\pi R}{360} = 6\,.\,981316$$
$$0^{\circ}\ 1'\ 0''\ \ldots\ldots\ \frac{2\pi R}{21600} = 0\,.\,1163552$$
$$0^{\circ}\ 0'\ 1''\ \ldots\ldots\ \frac{2\pi R}{1296000} = 0\,.\,0019392$$

Angle correspondant à un arc de $1^{\text{m}}\ \ldots\ldots\ \dfrac{1296000}{2\pi R} = 8'\,35''\,662$.

Arcs	Angles	Sinus ou Abscisses	Sinus-verses ou Ordonnés R(1-cos)	Arcs	Angles	Sinus ou Abscisses	Sinus-verses ou Ordonnés R(1-cos)
m	° ′ ″	m	m	m	° ′ ″	m	m
10	1. 25. 56. 62	10. 00	0. 13	210	30. 04. 49. 02	200. 49	53. 87
20	2. 51. 53. 24	19. 99	0. 50	220	31. 30. 45. 64	209. 08	58. 99
30	4. 17. 49. 86	29. 97	1. 12	230	32. 56. 42. 26	217. 54	64. 33
40	5. 43. 46. 48	39. 93	1. 99	240	34. 22. 38. 88	225. 86	69. 87
50	7. 09. 43. 10	49. 87	3. 12	250	35. 48. 35. 50	234. 04	75. 62
60	8. 35. 39. 72	59. 78	4. 49	260	37. 14. 32. 12	242. 08	81. 57
70	10. 01. 36. 32	69. 64	6. 11	270	38. 40. 28. 74	249. 96	87. 72
80	11. 27. 32. 96	79. 47	7. 97	280	40. 06. 25. 36	257. 69	94. 07
90	12. 53. 29. 56	89. 24	10. 08	290	41. 32. 21. 98	265. 26	100. 60
100	14. 19. 26. 20	98. 96	12. 43	300	42. 58. 18. 60	272. 66	107. 33
110	15. 45. 22. 80	108. 62	15. 03	310	44. 24. 15. 22	279. 89	114. 23
120	17. 11. 19. 44	118. 21	17. 86	320	45. 50. 11. 84	286. 95	121. 32
130	18. 37. 16. 06	127. 72	20. 94	330	47. 16. 08. 46	293. 82	128. 58
140	20. 03. 12. 68	137. 16	24. 25	340	48. 42. 05. 08	300. 51	136. 01
150	21. 29. 09. 30	146. 51	27. 79	350	50. 08. 01. 70	307. 02	143. 60
160	22. 55. 05. 92	155. 77	31. 58	360	51. 33. 58. 32	313. 33	151. 36
170	24. 21. 02. 54	164. 93	35. 58	370	52. 59. 54. 94	319. 45	159. 27
180	25. 46. 59. 16	173. 99	39. 82	380	54. 25. 51. 56	325. 37	167. 33
190	27. 12. 55. 78	182. 94	44. 28	390	55. 51. 48. 18	331. 08	175. 53
200	28. 38. 52. 40	191. 77	48. 97	400	57. 17. 44. 80	336. 59	183. 88

Arcs	Angles	Sinus ou Abcisses	Sinus-verses ou Ordonnées R (1-cos).	Arcs	Angles	Sinus ou Abcisses	Sinus-verses ou Ordonnées R (1-cos).
m	o , ,,	m	m	m	o , ,,	m.	m.
410				720			
420				730			
430				740			
440				750			
450				760			
460				770			
470				780			
480				790			
490				800			
500				810			
510				820			
520				830			
530				840			
540				850			
550				860			
560				870			
570				880			
580				890			
590				900			
600				910			
610				920			
620				930			
630				940			
640				950			
650				960			
660				970			
670				980			
680				990			
690				1000			
700				1010			
710				1020			

CIRCONFÉRENCE D'UN RAYON DE 450 M.

R = 450 M.

Longueur de la circonférence $2 \pi R = 3,1415926 \times 900 = 2827^m 4333.$

Longueur de l'arc correspondant à :

$$1° \ 0' \ 0'' \ldots\ldots \frac{2 \pi R}{360} = 7 . 85398138$$

$$0° \ 1' \ 0'' \ldots\ldots \frac{2 \pi R}{21600} = 0 . 13089953$$

$$0° \ 0' \ 1'' \ldots\ldots \frac{2 \pi R}{1296000} = 0 . 00218165$$

Angle correspondant à un arc de $1^m \ldots\ldots \frac{1296000}{2 \pi R} = 7' 38'' 3662.$

Arcs.	Angles.	Sinus ou Abscisses.	Sinus-verses ou Ordonnés R(1-cos).	Arcs.	Angles.	Sinus ou Abscisses	Sinus-verses ou Ordonnés R(1-cos).
m	° ′ ″	m	m	m	° ′ ″	m	m
10	1 . 16 . 23.66	10. 00	0. 11	210			
20	2 . 32 . 47. 32	20. 00	0. 45	220			
30	3 . 49 . 10. 98	29. 98	1. 00	230			
40	5 . 05 . 34. 64	39. 94	1. 78	240			
50	6 . 21 . 58. 31	49. 90	2. 77	250			
60	7 . 38 . 21. 96	59. 83	3. 99	260			
70	8 . 54 . 45. 62	69. 72	5. 44	270			
80	10 . 11 . 09. 29	79. 58	7. 09	280			
90	11 . 27 . 32. 96	89. 40	8. 97	290			
100	12 . 43 . 56. 62	99. 18	11. 07	300			
110	14 . 00 . 20. 28	108. 91	13. 38	310			
120	15 . 16 . 44. 00	118. 58	15. 91	320			
130	16 . 33 . 07. 58	128. 20	18. 65	330			
140	17 . 49 . 31. 26	137. 75	21. 60	340			
150	18 . 05 . 54. 93	147. 24	24.77	350			
160	20 . 22 . 18. 58	156. 65	28. 15	360			
170	21 . 38 . 42. 25	165. 98	31. 73	370			
180	22 . 55 . 06. 00	175. 24	35. 52	380			
190	24 . 11 . 29. 66	184. 40	39. 52	390			
200	25 . 27 . 53. 24	193. 48	43. 72	400			

Arcs.	Angles.	Sinus ou Abcisses.	Sinus-versés ou Ordonnés R.(1-cos).	Arcs.	Angles.	Sinus ou Abcisses.	Sinus-versés ou Ordonnés R.(1-cos).
m	° ′ ″	m	m	m	° ′ ″	m	m
410				720			
420				730			
430				740			
440				750			
450				760			
460				770			
470				780			
480				790			
490				800			
500				810			
510				820			
520				830			
530				840			
540				850			
550				860			
560				870			
570				880			
580				890			
590				900			
600				910			
610				920			
620				930			
630				940			
640				950			
650				960			
660				970			
670				980			
680				990			
690				1000			
700				1010			
710				1020			

CIRCONFÉRENCE D'UN RAYON DE 500ᵐ

R = 500 ᵐ

Longueur de la circonférence $2\pi R = 3{,}1415926 \times 1000 = 3141$ ᵐ 5926.

Longueur de l'arc correspondant à
$$1°\ 0'\ 0'' \dots\dots \frac{2\pi R}{360} = 8.7266.$$
$$0°\ 1'\ 0'' \dots\dots \frac{2\pi R}{21600} = 0.1454.$$
$$0°\ 0'\ 1'' \dots\dots \frac{2\pi R}{1296000} = 0.00242.$$

Angle correspondant à un arc de 1ᵐ $\dots\dots \dfrac{1296000}{2\pi R} = 6'.52''.52962$

Arcs.	Angles.	Sinus ou Abscisses.	Sinus-verses ou Ordonnés R(1-cos).	Arcs.	Angles.	Sinus ou Abscisses.	Sinus-verses ou Ordonnés R(1-cos).
ᵐ	° ′ ″	ᵐ	ᵐ	ᵐ	° ′ ″	ᵐ	ᵐ
10	1. 08. 45″. 30	10.00	0.10	210	24. 03. 51″. 30	203.88	43.46
20	2. 17. 30. 60	20.00	0.40	220	25. 12. 36. 60	212.97	47.63
30	3. 26. 15. 90	29.98	0.90	230	26. 21. 21. 90	221.97	51.98
40	4. 35. 01. 20	39.96	1.60	240	27. 30. 07. 20	230.89	56.50
50	5. 43. 46. 50	49.92	2.50	250	28. 38. 52. 50	239.71	61.20
60	6. 52. 31. 80	59.86	3.60	260	29. 47. 37. 80	248.44	66.09
70	8. 01. 17. 10	69.77	4.89	270	30. 56. 23. 10	257.07	71.15
80	9. 10. 02. 40	79.65	6.38	280	32. 05. 08. 40	265.59	76.37
90	10. 18. 47. 70	89.52	8.08	290	33. 13. 53. 70	274.01	81.77
100	11. 27. 33. 00	99.34	9.97	300	34. 22. 39. 00	282.32	87.33
110	12. 36. 18. 30	109.12	12.05	310	35. 31. 24. 30	290.52	93.06
120	13. 45. 03. 60	118.85	14.33	320	36. 40. 09. 60	298.60	98.95
130	14. 53. 48. 90	128.54	16.81	330	37. 48. 54. 90	306.56	105.01
140	16. 02. 34. 20	138.15	19.47	340	38. 57. 40. 20	314.40	111.21
150	17. 11. 19. 50	147.76	22.33	350	40. 06. 25. 50	322.11	117.58
160	18. 20. 04. 80	157.28	25.38	360	41. 15. 10. 80	329.69	124.10
170	19. 28. 50. 10	166.74	28.62	370	42. 23. 56. 10	337.14	130.77
180	20. 37. 35. 40	176.14	32.05	380	43. 32. 44. 40	344.46	137.58
190	21. 46. 20. 70	185.46	35.67	390	44. 41. 26. 70	351.64	144.55
200	22. 55. 06. 00	194.71	39.47	400	45. 50. 12. 00	358.68	151.65

Arcs.	Angles.	Sinus ou Abcisses.	Sinus-versed ou Ordonnées R (1-cos)	Arcs.	Angles.	Sinus ou Abcisses.	Sinus-versed ou Ordonnées R (1-cos)
410	46. 58. 57". 30.	365. 57	158. 89	720	82. 30' 21". 60	495. 73	434. 79
420	48. 07. 42. 60.	372. 32	166. 27	730	83. 39. 06. 90	496. 93	444. 72
430	49. 16. 27. 90.	378. 92	173. 78	740	84. 47. 52. 20	497. 94	454. 67
440	50. 25. 13. 20	385. 31	181. 42	750	85. 56. 37. 50	498. 75	464. 63.
450	51. 53. 58. 50	391. 66	189. 20	760	87. 05. 22. 80	499. 35	474. 62
460	52. 42. 43. 80	397. 80	197. 09	770	88. 14. 08. 10	499. 76	484. 61
470	53. 51. 29. 10	403. 78	205. 11	780	89. 22. 53. 40	499. 97	494. 60
480	55. 00. 14. 40	409. 60	213. 24	790	90. 31. 38. 70	499. 98	495. 37
490	56. 08. 59. 70	415. 25	221. 50	800	91. 40. 24. 00	499. 99	495. 39
500	57. 17. 45. 00	420. 74	229. 85	810			
510	58. 26. 30. 30	426. 05	238. 32	820			
520	59. 35. 15. 60	431. 20	246. 89	830			
530	60. 44. 00. 90	436. 18	255. 56	840			
540	61. 52. 46. 20	440. 98	264. 34.	850			
550	63. 01. 31. 50	445. 60	273. 20	860			
560	64. 10. 16. 80	450. 05	282. 16	870			
570	65. 19. 02. 10	454. 32	291. 20	880			
580	66. 27. 47. 40	458. 40	300. 33	890			
590	67. 36. 32. 70	462. 30	309. 54	900			
600	68. 45. 18. 00	466. 02	318. 82	910			
610	69. 54. 03. 30	469. 55	328. 18	920			
620	71. 02. 48. 60	472. 89	337. 60	930			
630	72. 11. 33. 90	476. 05	347. 09	940			
640	73. 20. 19. 20	479. 01	356. 65	950			
650	74. 29. 04. 50	481. 78	366. 25	960			
660	75. 37. 49. 80	484. 36	375. 87	970			
670	76. 46. 35. 10	486. 74	385. 62	980			
680	77. 55. 20. 40	488. 93	395. 38	990			
690	79. 04. 05. 70	490. 93	405. 18	1000			
700	80. 12. 51. 00	492. 73	415. 02	1010			
710	81. 21. 36. 30	494. 38	424. 89	1020			

CIRCONFÉRENCE D'UN RAYON DE 550 ᴹ

R = 550 ᴹ

Longueur de la circonférence $2\pi R = 3{,}1415926 \times 1100 = 3455^{\text{m}} 75186$.

Longueur de l'arc correspondant à
$$1° \ 0' \ 0'' \dots \quad \frac{2\pi R}{360} = 9.599.310$$
$$0° \ 1' \ 0'' \dots \quad \frac{2\pi R}{21600} = 0.1599885$$
$$0° \ 0' \ 1'' \dots \quad \frac{2\pi R}{1296000} = 0.00266645$$

Angle correspondant à un arc de 1^{m} $\dots \dfrac{1296000}{2\pi R} = 6'15''. 02774468$.

Arcs.	Angles.	Sinus ou Abscisses.	Sinus-verses ou Ordonnés R (1-cos).	Arcs.	Angles.	Sinus ou Abscisses.	Sinus-verses ou Ordonnés R (1-cos).
m	o	m	m	m	o	m	m
10	1. 02. 30". 28	10. 00	0. 09	210	21. 52. 35". 88	204. 90	39. 61.
20	2. 05. 00. 56	20. 00	0. 36	220	22. 55. 06. 16	214. 18	43. 42
30	3. 07. 30. 84	29. 99	0. 82	230	23. 57. 36. 44	223. 32	47. 40
40	4. 10. 01. 12	39. 96	1. 45	240	25. 00 06. 72	232. 46	51. 54
50	5. 12. 31. 40	49. 93	2. 28	250	26. 02. 37. 00	241. 44	55. 85
60	6. 15. 01. 68	59. 88	3. 27	260	27. 05. 07. 28	250. 42	60. 32.
70	7. 17. 31. 96	69. 81	4. 45	270	28. 07. 37. 56	259. 24	64. 95
80	8. 20. 02. 24	79. 72	5. 81	280	29. 10. 07. 84	268. 06	69. 75
90	9. 22. 32. 52	89. 57	7. 35	290	30. 12. 38. 12	276. 70	74. 70
100	10. 25. 02. 80	99. 46	9. 07	300	31. 15. 08. 40	285. 34	79. 81
110	11. 27. 33. 08	109. 25	10. 97	310	32. 17. 38. 68	293. 79	85. 07
120	12. 30. 03. 36	119. 05	13. 04	320	33. 20. 08. 96	302. 25	90. 49
130	13. 32. 33. 64	128. 77	15. 60	330	34. 22. 39. 24	310. 50	96. 07
140	14. 35. 03. 82	138. 49	17. 72	340	35. 25. 09. 52	318. 76	101. 79
150	15. 37. 34. 20	148. 12	20. 33	350	36. 27. 39. 80	326. 80	107. 66
160	16. 40. 04. 48	157. 75	23. 11	360	37. 30. 10. 08	334. 84	113. 67
170	17. 42. 34. 76	167. 27	26. 07	370	38. 32. 40. 36	342. 66	119. 83
180	18. 45. 05. 04	176. 80	29. 19	380	39. 35. 10. 64	350. 48	126. 13.
190	19. 47. 35. 32	186. 21	32. 50	390	40. 37. 40. 92	358. 13	132. 58
200	20. 50. 05. 60	195. 62	35. 96	400	41. 40. 11. 20	365. 66	149. 16.

Arcs.	Angles.	Sinus ou Abcisses.	Sinus-versés ou Ordonnés R (1-cos).	Arcs.	Angles.	Sinus ou Abcisses.	Sinus-versés ou Ordonnés R (1-cos).
m	o , ,,	m	m	m	o , ,,	m	m
410				720			
420				730			
430				740			
440				750			
450				760			
460				770			
470				780			
480				790			
490				800			
500				810			
510				820			
520				830			
530				840			
540				850			
550				860			
560				870			
570				880			
580				890			
590				900			
600				910			
610				920			
620				930			
630				940			
640				950			
650				960			
660				970			
670				980			
680				990			
690				1000			
700				1010			
710				1020			

CIRCONFÉRENCE D'UN RAYON DE 600 ᴹ

R = 600 ᴹ

Longueur de la circonférence $2\pi R = 3.1415926 \times 1200 = 3769^{m}9111.$

$$\text{Longueur de l'arc correspondant à} \begin{cases} 1^{\circ}\ 0'\ 0'' \dots\dots\dots & \dfrac{2\pi R}{360} = 10.4719 \\[2mm] 0^{\circ}\ 1'\ 0'' \dots\dots\dots & \dfrac{2\pi R}{21600} = 0.174532 \\[2mm] 0^{\circ}\ 0'\ 1'' \dots\dots\dots & \dfrac{2\pi R}{1296000} = 0.00290887 \end{cases}$$

Angle correspondant à un arc de 1^{m} \dots\dots\dots $\dfrac{1296000}{2\pi R} = 5.43''77478.$

Arcs.	Angles.	Sinus ou Abscisses.	Sinus-verses ou Ordonnés R (1-cos).	Arcs.	Angles.	Sinus ou Abscisses.	Sinus-verses ou Ordonnés R (1-cos).
m	° ′ ″	m	m	m	° ′ ″	m	m
10	0.5.17.75	10.08	0.08	210	20.03.12.75	205.74	36.38
20	1.54.35.50	20.00	0.34	220	21.00.30.50	215.10	39.88
30	2.51.53.25	29.99	0.75	230	21.57.48.25	224.41	43.55
40	3.49.11.00	39.97	1.33	240	22.55.06.00	233.65	47.36
50	4.46.28.75	49.94	2.08	250	23.52.23.75	242.83	51.33
60	5.43.46.50	59.90	3.00	260	24.49.41.50	251.95	55.46
70	6.41.04.25	69.84	4.08	270	25.46.59.25	260.98	59.73
80	7.38.22.00	79.76	5.32	280	26.44.17.00	269.95	64.16
90	8.35.39.75	89.66	6.74	290	27.41.34.75	278.84	68.73
100	9.32.57.50	99.54	8.31	300	28.38.52.50	287.66	73.45
110	10.30.15.25	109.39	10.05	310	29.36.10.35	296.39	78.32
120	11.27.33.00	119.20	11.96	320	30.33.28.00	305.04	83.32
130	12.24.50.75	128.99	14.02	330	31.30.45.75	313.61	88.49
140	13.22.08.50	138.73	16.26	340	32.28.03.50	322.09	93.78
150	14.19.26.25	148.44	18.65	350	33.25.21.25	330.49	99.23
160	15.16.44.00	158.11	21.21	360	34.22.39.00	338.84	104.80
170	16.14.01.75	167.74	23.92	370	35.19.56.75	346.99	110.51
180	17.11.19.50	177.31	26.80	380	36.17.14.50	355.10	116.37
190	18.08.37.25	186.84	29.83	390	37.14.32.25	363.11	122.35
200	19.05.55.00	196.32	33.03	400	38.11.50.00	371.02	128.47

Arcs.	Angles.	Sinus ou Abcisses.	Sinus-verses ou Ordonnés R (1-cos).	Arcs.	Angles.	Sinus ou Abcisses.	Sinus-verses ou Ordonnés R (1-cos).
410	39. 09. 07. 75	378. 83.	134.72	720	68. 45. 18. 00	559. 22	382. 59.
420	40. 06. 25. 50	386. 53	141.10	730	69. 42. 35. 75	562. 77	391. 91
430	41. 03. 43. 25	394. 15	147.60	740	70. 39. 53. 50	566. 16	401. 34
440	42. 01. 01. 00	401. 61	154.23	750	71. 37. 11. 25	569. 39	410. 81
450	42. 58. 18. 75	408. 98	160.99	760	72. 34. 29. 00	572. 47	420. 32
460	43. 55. 36. 50	416. 24	167.86	770	73. 31. 46. 75	575. 38	429. 89
470	44. 52. 54. 25	423. 39	174.85	780	74. 29. 04. 50	578. 14	439. 50
480	45. 50. 12. 00	430. 41	181.98	790	75. 26. 22. 25	580. 73	449.16
490	46. 47. 29. 75	437. 32	189.21	800	76. 23. 40. 00	583. 16	458. 86.
500	47. 44. 47. 50	444. 10	196.55	810			
510	48. 42. 05. 25	450. 77	204.00	820			
520	49. 39. 23. 00	457. 31	211.58	830			
530	50. 36. 40. 75	463. 72	219.25	840			
540	51. 33. 58. 50	470. 00	227.04	850			
550	52. 31. 16. 25	476. 15	234.92	860			
560	53. 28. 34. 00	482. 17	242.91	870			
570	54. 25. 51. 75	488. 05	250.99	880			
580	55. 23. 09. 50	493. 80	259.17	890			
590	56. 20. 27. 25	499. 41	267.45	900			
600	57. 17. 45. 00	504. 88	275.82	910			
610	58. 15. 02. 75	510. 22	284.28	920			
620	59. 12. 20. 50	519. 41	292.84	930			
630	60. 09. 31. 25	520. 45	301.46	940			
640	61. 06. 56. 00	525. 36	310.17	950			
650	62. 04. 13. 75	530. 12	318.97	960			
660	63. 01. 31. 50	534. 73	327.84	970			
670	63. 58. 49. 25	539. 19	336.79	980			
680	64. 56. 07. 00	544. 75	345.82	990			
690	65. 53. 24. 75	547. 66	354.91	1000			
700	66. 50. 42. 50	551. 67	364.07	1010			
710	67. 48. 10. 25	555. 52	373.30	1020			

CIRCONFÉRENCE D'UN RAYON DE 650 M

R = 650 M

Longueur de la circonférence $2\pi R = 3,1415926 \times 1300 = 4084^{m} 07038$

Longueur de l'arc correspondant à :

$$1^\circ\ 0'\ 0'' \ldots\ldots \frac{2\pi R}{360} = 11 . 34459$$

$$0^\circ\ 1'\ 0'' \ldots\ldots \frac{2\pi R}{21600} = 0 . 189075$$

$$0^\circ\ 0'\ 1'' \ldots\ldots \frac{2\pi R}{1296000} = 0 . 003151$$

Angle correspondant à un arc de $1^{m} \ldots\ldots \frac{1296000}{2\pi R} = 5'. 17''. 330476.$

Arcs.	Angles.	Sinus ou Abscisses.	Sinus-verses ou Ordonnés. R (1-cos).	Arcs.	Angles.	Sinus ou Abscisses.	Sinus-verses ou Ordonnés. R (1-cos).
m	°	m	m	m	°	m	m
10	0 . 52 . 53 . 30	10 . 00	0 . 08	210	18 . 30 . 39 . 38	206 . 54	33 . 63
20	1 . 45 . 46 . 61	20 . 00	0 . 30	220	19 . 23 . 32 . 69	215 . 83	36 . 88
30	2 . 38 . 39 . 91	29 . 99	0 . 69	230	20 . 16 . 25 . 99	225 . 23	40 . 27
40	3 . 31 . 33 . 22	39 . 98	1 . 24	240	21 . 09 . 19 . 30	234 . 58	43 . 81
50	4 . 24 . 26 . 52	49 . 95	1 . 92	250	22 . 02 . 12 . 62	243 . 89	47 . 49
60	5 . 17 . 19 . 82	59 . 92	2 . 76	260	22 . 55 . 05 . 90	253 . 12	51 . 31
70	6 . 10 . 13 . 13	69 . 86	3 . 77	270	23 . 47 . 59 . 21	262 . 30	55 . 27
80	7 . 03 . 06 . 43	79 . 80	4 . 92	280	24 . 40 . 52 . 51	271 . 42	59 . 38
90	7 . 55 . 59 . 74	89 . 72	6 . 22	290	25 . 33 . 45 . 82	280 . 47	63 . 63
100	8 . 48 . 53 . 05	99 . 60	7 . 67	300	26 . 26 . 39 . 13	289 . 46	68 . 01
110	9 . 41 . 46 . 34	109 . 48	9 . 79	310	27 . 19 . 32 . 43	298 . 38	72 . 53
120	10 . 34 . 39 . 65	119 . 32	11 . 05	320	28 . 12 . 25 . 73	307 . 23	77 . 19
130	11 . 27 . 32 . 95	129 . 14	12 . 96	330	29 . 05 . 19 . 04	316 . 00	81 . 98
140	12 . 20 . 26 . 26	138 . 92	15 . 02	340	29 . 58 . 12 . 34	324 . 70	86 . 91
150	13 . 13 . 19 . 56	148 . 67	17 . 24	350	30 . 51 . 05 . 65	333 . 33	91 . 98
160	14 . 06 . 12 . 86	158 . 39	19 . 57	360			
170	14 . 59 . 06 . 17	168 . 07	22 . 10	370			
180	15 . 51 . 59 . 47	177 . 71	24 . 76	380			
190	16 . 44 . 52 . 78	187 . 30	27 . 58	390			
200	17 . 37 . 46 . 10	196 . 86	30 . 53 .	400			

Arcs.	Angles.	Sinus ou Abcisses.	Sinus-verses ou Ordonnées R (1-cos).	Arcs.	Angles.	Sinus ou Abcisses.	Sinus-verses ou Ordonnées R (1-cos).
m	° , ,,	m	m	m	° , ,,	m	m
410				720			
420				730			
430				740			
440				750			
450				760			
460				770			
470				780			
480				790			
490				800			
500				810			
510				820			
520				830			
530				840			
540				850			
550				860			
560				870			
570				880			
580				890			
590				900			
600				910			
610				920			
620				930			
630				940			
640				950			
650				960			
660				970			
670				980			
680				990			
690				1000			
700				1010			
710				1020			

CIRCONFÉRENCE D'UN RAYON DE 700ᴹ

R - 700ᴹ

Longueur de la circonférence $2\pi R = 3,1415926 \times 1400 = 4398^m 23$

Longueur de l'arc correspondant à
$$1°\ 0'\ 0'' \dots \dots \frac{2\pi R}{360} = 12 . 2173045$$
$$0°\ 1'\ 0'' \dots \dots \frac{2\pi R}{21600} = 0 . 2036217$$
$$0°\ 0'\ 1'' \dots \dots \frac{2\pi R}{1296000} = 0 . 00339369$$

Angle correspondant à un arc de 1ᵐ $\dots \dots \dfrac{1296000}{2\pi R} = 4'.54''.664.$

Arcs.	Angles.	Sinus ou Abscisses.	Sinus-verses ou Ordonnés R(1-cos).	Arcs.	Angles.	Sinus ou Abscisses.	Sinus-verses ou Ordonnés R(1-cos).
ᵐ	°	ᵐ	ᵐ	ᵐ	°	ᵐ	ᵐ
10	0. 49. 06. 64	10. 00	0. 07	210	17. 11. 19. 44	206. 87	31. 27
20	1. 38. 13. 28	19. 99	0. 29	220	18. 00. 26. 08	216. 39	34. 29
30	2. 27. 19. 92	29. 99	0. 65	230	18. 49. 32. 72	225. 88	37. 45
40	3. 16. 26. 56	39. 98	1. 15	240	19. 38. 39. 36	235. 38	40. 74
50	4. 05. 33. 20	49. 96	1. 79	250	20. 27. 46. 00	244. 72	44. 17
60	4. 54. 39. 84	59. 92	2. 57	260	21. 16. 52. 64	254. 07	47. 74
70	5. 43. 46. 48	69. 89	3. 49	270	22. 05. 59. 28	263. 36	51. 43
80	6. 32. 53. 12	79. 83	4. 57	280	22. 55. 05. 92	272. 59	55. 26
90	7. 21. 59. 76	89. 75	5. 78	290	23. 44. 12. 56	281. 78	59. 21
100	8. 11. 06. 40	99. 66	7. 13	300	24. 33. 19. 20	290. 90	63. 31
110	9. 00. 13. 04	109. 55	8. 63	310	25. 22. 25. 84	294. 97	67. 53
120	9. 49. 19. 68	119. 42	10. 28	320	26. 11. 32. 48	308. 97	71. 88
130	10. 38. 26. 32	129. 26	12. 03	330	27. 00. 39. 12	317. 91	76. 36
140	11. 27. 32. 96	139. 07	13. 96	340	27. 49. 45. 76	326. 78	80. 96
150	12. 16. 39. 60	148. 86	16. 01	350	28. 38. 52. 40	335. 60	85. 69
160	13. 05. 46. 24	158. 61	18. 20	360	29. 27. 59. 04	344. 34	90. 55
170	13. 54. 52. 88	168. 34	20. 54	370	30. 17. 05. 68	353. 01	95. 53
180	14. 43. 59. 52	178. 03	23. 01	380	31. 06. 12. 32	361. 61	100. 64
190	15. 33. 06. 16	187. 68	25. 63	390	31. 55. 18. 96	370. 14	105. 86
200	16. 22. 12. 80	197. 29	28. 38	400	32. 44. 25. 60	378. 58	111. 21

Arcs.	Angles.	Sinus ou Abcisses.	Sinus-verses ou Ordonnées R (1-cos).	Arcs.	Angles.	Sinus ou Abcisses.	Sinus-verses ou Ordonnées R (1-cos).
m	o , ,,	m.	m.	m	o . ,,	m.	m.
410				720			
420				730			
430				740			
440				750			
450				760			
460				770			
470				780			
480				790			
490				800			
500				810			
510				820			
520				830			
530				840			
540				850			
550				860			
560				870			
570				880			
580				890			
590				900			
600				910			
610				920			
620				930			
630				940			
640				950			
650				960			
660				970			
670				980			
680				990			
690				1000			
700				1010			
710				1020			

CIRCONFÉRENCE D'UN RAYON DE 750ᴹ

R = 750 ᴹ

Longueur de la circonférence $2 \pi R = 3,1415926 \times 1500 = 4721^{m} 38890$

Longueur de l'arc correspondant à :

$1° \ 0' \ 0'' \ldots \ldots \dfrac{2 \pi R}{360} = 13 . 089.967$

$0° \ 1' \ 0'' \ldots \ldots \dfrac{2 \pi R}{21600} = 0 . 21815$

$0° \ 0' \ 1'' \ldots \ldots \dfrac{2 \pi R}{1296000} = 0 . 0036359$

Angle correspondant à un arc de $1^m \ldots \ldots \dfrac{1296000}{2 \pi R} = 4'.35''.019958$

Arcs.	Angles.	Sinus ou Abscisses.	Sinus-verses ou Ordonnés R(1-cos).	Arcs.	Angles.	Sinus ou Abscisses.	Sinus-verses ou Ordonnés R(1-cos).
10	0. 45. 50. 20	10. 00	0. 06	210	16. 02. 34. 19	207. 27	29. 21
20	1. 31. 40. 40	20. 00	0. 21	220	16. 48. 24. 39	216. 86	31. 62
30	2. 17. 30. 60	29. 99	0. 54	230	17. 34. 14. 59	226. 41	34. 99
40	3. 03. 20. 80	39. 98	1. 01	240	18. 20. 04. 79	235. 93	38. 07
50	3. 49. 11. 00	49. 96	1. 66	250	19. 05. 54. 99	245. 40	41. 03
60	4. 35. 01. 20	59. 94	2. 35	260	19. 51. 45. 19	254. 82	44. 62
70	5. 20. 51. 40	69. 90	3. 26	270	20. 37. 35. 39	264. 21	47. 98
80	6. 06. 41. 60	79. 85	4. 22	280	21. 23. 25. 59	273. 54	51. 66
90	6. 52. 31. 80	89. 78	5. 39	290	22. 09. 15. 79	282. 83	55. 37
100	7. 38. 22. 00	99. 70	6. 66	300	22. 55. 05. 95	292. 06	59. 21
110	8. 24. 12. 20	109. 61	8. 05	310	23. 40. 56. 19	301. 94	63. 47
120	9. 10. 02. 40	119. 49	9. 57	320	24. 26. 46. 39	310. 38	67. 24
130	9. 55. 52. 60	129. 35	11. 24	330	25. 12. 36. 59	319. 46	71. 44
140	10. 41. 42. 79	139. 19	13. 03	340	25. 58. 26. 79	328. 47	75. 76
150	11. 27. 32. 99	149. 00	14. 95	350	26. 44. 16. 99	337. 43	80. 20
160	12. 13. 23. 19	158. 79	17. 00	360	27. 30. 07. 18	346. 33	84. 76
170	12. 59. 13. 39	168. 55	19. 31	370	28. 15. 57. 38	355. 17	89. 43
180	13. 45. 03. 59	178. 28	21. 50	380	29. 01. 47. 58	362. 95	94. 23
190	14. 30. 53. 79	187. 97	23. 94	390	29. 47. 37. 78	372. 66	99. 14
200	15. 16. 43. 99	197. 64	26. 51	400	30. 33. 27. 98	381. 31	104. 16

Arcs	Angles	Sinus ou Abscisses	Sinus versés ou Ordonnées R.(1.000)	Arcs	Angles	Sinus ou Abscisses	Sinus versés ou Ordonnées R.(1.000)
410	31.19.18.18	389.88	109.38	720			
420	32.05.08.38	398.39	114.56	730			
430	32.50.58.58	406.82	119.93	740			
440	33.36.48.78	415.19	125.43	750			
450	34.22.38.98	423.48	131.00	760			
460	35.08.29.18	431.80	136.77	770			
470	35.54.19.38	439.84	142.41	780			
480	36.40.09.58	447.90	148.43	790			
490	37.25.59.78	456.22	154.72	800			
500	38.11.49.98	463.78	160.59	810			
510	38.57.40.18	471.60	166.81	820			
520	39.43.30.38	479.33	172.93	830			
530	40.29.20.58	485.98	179.60	840			
540	41.15.10.78	494.54	186.15	850			
550	42.01.00.98	502.01	192.79	860			
560	42.46.51.18	509.40	199.53	870			
570	43.32.41.38	516.69	206.37	880			
580	44.18.31.58	523.89	213.31	890			
590	45.04.21.78	531.60	220.34	900			
600	45.50.11.97	538.02	227.47	910			
610				920			
620				930			
630				940			
640				950			
650				960			
660				970			
670				980			
680				990			
690				1000			
700				1010			
710				1020			

CIRCONFÉRENCE D'UN RAYON DE 800 M.

R = 800 M.

Longueur de la circonférence 2 π R = 3,1415926 × 1600 = 5026 m 54816.

Longueur de l'arc correspondant à

$$1^° \; 0' \; 0'' \dots \dots \frac{2\,\pi\,R}{360} = 13 \; . \; 962633.$$

$$0^° \; 1' \; 0'' \dots \dots \frac{2\,\pi\,R}{21600} = 0 \; . \; 2327105.$$

$$0^° \; 0' \; 1'' \dots \dots \frac{2\,\pi\,R}{1296000} = 0 \; . \; 0038785.$$

Angle correspondant à un arc de 1 m. . . . . $\dfrac{1296000}{2\,\pi\,R} = 0^° \, 4' \, 17'' \, 1310$

Arcs. m	Angles.	Sinus ou Abscisses. m	Sinus-verses ou Ordonnés R (1-cos). m	Arcs. m	Angles. ° ' ''	Sinus ou Abscisses. m	Sinus-verses ou Ordonnés R (1-cos). m
10	0 . 42 . 58 . 31	10 . 00	0 . 06	210	15 . 02 . 24 . 51	207 . 60	27 . 41
20	1 . 25 . 56 . 62	20 . 00	0 . 25	220	15 . 45 . 22 . 82	217 . 24	30 . 06
30	2 . 08 . 54 . 93	29 . 99	0 . 56	230	16 . 28 . 21 . 13	226 . 84	32 . 84
40	2 . 51 . 53 . 24	39 . 98	1 . 00	240	17 . 11 . 19 . 44	236 . 42	35 . 73
50	3 . 34 . 51 . 55	49 . 97	1 . 56	250	17 . 54 . 17 . 75	245 . 95	38 . 75
60	4 . 17 . 49 . 86	59 . 94	2 . 25	260	18 . 37 . 16 . 06	255 . 45	41 . 88
70	5 . 00 . 48 . 17	69 . 91	3 . 06	270	19 . 20 . 14 . 37	264 . 90	45 . 13
80	5 . 43 . 46 . 48	79 . 87	4 . 00	280	20 . 03 . 12 . 68	274 . 32	48 . 50
90	6 . 26 . 44 . 79	89 . 81	5 . 06	290	20 . 46 . 10 . 99	283 . 69	51 . 99
100	7 . 09 . 43 . 10	99 . 74	6 . 24	300	21 . 29 . 09 . 30	293 . 02	55 . 59
110	7 . 52 . 41 . 41	109 . 65	7 . 55	310	22 . 12 . 07 . 61	302 . 30	59 . 32
120	8 . 35 . 39 . 72	119 . 55	8 . 98	320	22 . 55 . 05 . 92	311 . 54	63 . 15
130	9 . 18 . 38 . 03	129 . 43	10 . 54	330	23 . 38 . 04 . 23	320 . 72	67 . 10
140	10 . 01 . 36 . 34	139 . 29	12 . 22	340	24 . 21 . 02 . 54	329 . 86	71 . 17
150	10 . 44 . 34 . 65	149 . 12	14 . 02	350	25 . 04 . 00 . 85	338 . 94	75 . 35
160	11 . 27 . 32 . 96	158 . 94	15 . 95	360	25 . 46 . 59 . 16	347 . 97	79 . 64
170	12 . 10 . 31 . 27	168 . 72	18 . 00	370	26 . 29 . 57 . 47	356 . 95	84 . 05
180	12 . 53 . 29 . 58	178 . 49	20 . 17	380	27 . 12 . 55 . 78	365 . 87	88 . 57
190	13 . 36 . 27 . 89	188 . 22	22 . 46	390	27 . 55 . 54 . 09	374 . 74	93 . 20
200	14 . 19 . 26 . 20	197 . 92	24 . 87	400	28 . 38 . 52 . 40	383 . 54	97 . 93

Arcs.	Angles.	Sinus ou Abcisses.	Sinus-verses ou Ordonnées R $\sqrt{1-\cos}$	Arcs.	Angles.	Sinus ou Abcisses.	Sinus-verses ou Ordonnées R $\sqrt{1-\cos}$
410	29. 21. 50. 71	392. 29	102. 78	720	51. 33. 58. 32	626. 66	302. 71
420	30. 04. 49. 02	400. 97	107. 74	730	52. 16. 56. 63	632. 83	310. 58
430	30. 47. 47. 33	409. 59	112. 81	740	52. 59. 54. 94	638. 90	318. 53
440	31. 30. 45. 64	418. 15	117. 98	750	53. 42. 53. 25	644. 87	326. 56
450	32. 13. 43. 95	426. 64	123. 26	760	54. 25. 51. 56	650. 73	334. 65
460	32. 56. 42. 26	435. 07	128. 65	770	55. 08. 49. 87	656. 50	342. 82
470	33. 39. 40. 57	443. 43	134. 14	780	55. 51. 48. 18	662. 16	351. 06
480	34. 22. 38. 88	451. 71	139. 73	790	56. 34. 46. 49	667. 72	359. 38
490	35. 05. 37. 19	459. 93	145. 43	800	57. 17. 44. 80	673. 18	367. 76
500	35. 48. 35. 50	468. 08	151. 23	810			
510	36. 31. 33. 81	476. 15	157. 13	820			
520	37. 14. 32. 12	484. 15	163. 13	830			
530	37. 57. 30. 43	492. 07	169. 23	840			
540	38. 40. 28. 74	499. 92	175. 44	850			
550	39. 23. 27. 05	507. 69	181. 73	860			
560	40. 06. 25. 36	515. 38	188. 13	870			
570	40. 49. 23. 67	522. 98	194. 62	880			
580	41. 32. 21. 98	530. 51	201. 20	890			
590	42. 15. 20. 29	537. 95	207. 88	900			
600	42. 58. 18. 60	545. 31	214. 65	910			
610	43. 41. 16. 91	552. 59	221. 51	920			
620	44. 24. 15. 22	559. 77	228. 46	930			
630	45. 07. 13. 53	566. 87	235. 51	940			
640	45. 50. 11. 84	573. 89	242. 64	950			
650	46. 33. 10. 15	580. 81	249. 85	960			
660	47. 16. 08. 46	587. 64	257. 15	970			
670	47. 59. 06. 77	594. 38	264. 54	980			
680	48. 42. 05. 08	601. 02	272. 01	990			
690	49. 25. 03. 39	607. 58	279. 57	1000			
700	50. 08. 01. 70	614. 04	287. 20	1010			
710	50. 51. 00. 01	620. 40	294. 92	1020			

CIRCONFÉRENCE D'UN RAYON DE 850 ^{M}.
R = 850 ^{M}.

Longueur de la circonférence $2 \pi R = 3,1415926 \times 1700 = 5340^m\,70742$

Longueur de l'arc correspondant à
$$1°\ 0'\ 0''\ \ldots\ldots\ \frac{2 \pi R}{360} = 14\,.\,8352984$$
$$0°\ 1'\ 0''\ \ldots\ldots\ \frac{2 \pi R}{21600} = 0\,.\,24725498$$
$$0°\ 0'\ 1''\ \ldots\ldots\ \frac{2 \pi R}{1296000} = 0\,.\,00412091$$

Angle correspondant à un arc de $1^m \ldots\ldots\ \dfrac{1296000}{2 \pi R} = 4'.02''.66441.$

Arcs (^{m})	Angles (°)	Sinus ou Abscisses (^{m})	Sinus-verses ou Ordonnées R (1-cos) (^{m})	Arcs (^{m})	Angles (°)	Sinus ou Abscisses (^{m})	Sinus-verses ou Ordonnées R (1-cos) (^{m})
10	0. 40. 26. 64	10. 30	0. 06	210	14. 09. 19. 53	207. 87	25. 81
20	1. 20. 53. 29	20. 00	0. 24	220	14. 49. 46. 18	217. 55	28. 31
30	2. 01. 19. 93	29. 99	0. 53	230	15. 30. 12. 82	227. 21	30. 93
40	2. 41. 46. 58	39. 98	0. 94	240	16. 10. 39. 47	236. 82	33. 66
50	3. 22. 13. 22	49. 97	1. 47	250	16. 51. 06. 12	246. 41	36. 50
60	4. 02. 39. 86	59. 95	2. 12	260	17. 31. 32. 76	255. 96	39. 46
70	4. 43. 06. 51	69. 92	2. 80	270	18. 11. 59. 41	265. 48	42. 53
80	5. 23. 33. 15	79. 88	3. 76	280	18. 52. 26. 05	274. 96	45. 70
90	6. 03. 59. 80	89. 83	4. 75	290	19. 32. 52. 70	284. 41	49. 00
100	6. 44. 26. 45	99. 76	5. 88	300	20. 13. 19. 34	293. 81	52. 40
110	7. 24. 53. 08	109. 68	7. 11	310	20. 53. 45. 98	303. 18	55. 90
120	8. 05. 19. 73	119. 60	8. 46	320	21. 34. 12. 62	312. 49	59. 53
130	8. 45. 46. 37	129. 49	9. 92	330	22. 14. 39. 27	321. 77	63. 26
140	9. 26. 13. 02	139. 36	11. 51	340	22. 55. 05. 91	331. 01	67. 10
150	10. 06. 39. 67	149. 22	13. 20	350	23. 35. 32. 56	340. 19	71. 05
160	10. 47. 06. 31	159. 06	15. 02	360	24. 15. 59. 28	349. 33	75. 10
170	11. 27. 32. 96	168. 87	16. 95	370	24. 56. 25. 82	358. 43	79. 27
180	12. 07. 59. 60	178. 65	17. 99	380	25. 36. 52. 49.	367. 47	83. 54
190	12. 48. 26. 25	188. 42	21. 15	390	26. 17. 19. 13	376. 46	87. 91
200	13. 28. 52. 89	198. 16	23. 42	400	26. 57. 45. 78	385. 40	92. 39

Arcs.	Angles.	Sinus ou Abcisses.	Sinus-versés ou Ordonnées R (1-cos).	Arcs.	Angles.	Sinus ou Abcisses.	Sinus-versés ou Ordonnées R (1-cos).
m	°	m	m	m	°	m	m
410	27. 38. 12".42	394. 29	96. 98	720			
420	28. 18. 39. 06	403. 15	101. 67	730			
430	28. 59. 05. 71	411. 89	106. 47	740			
440	29. 39. 32. 30	420. 61	111. 34	750			
450	30. 19. 59. 00	429. 27	116. 36.	760			
460				770			
470				780			
480				790			
490				800			
500				810			
510				820			
520				830			
530				840			
540				850			
550				860			
560				870			
570				880			
580				890			
590				900			
600				910			
610				920			
620				930			
630				940			
640				950			
650				960			
660				970			
670				980			
680				990			
690				1000			
700				1010			
710				1020			

CIRCONFÉRENCE D'UN RAYON DE 900ᵐ

R = 900 ᵐ

Longueur de la circonférence $2\pi R = 3,1415926 \times 1800 = 5654^{m} 86$

Longueur de l'arc correspondant à
$$1^\circ\ 0'\ 0'' \dots\dots \frac{2\pi R}{360} = 15 . 70796305$$
$$0^\circ\ 1'\ 0'' \dots\dots \frac{2\pi R}{21600} = 0 . 261799$$
$$0^\circ\ 0'\ 1'' \dots\dots \frac{2\pi R}{1296000} = 0 . 0043633232$$

Angle correspondant à un arc de 1^{m} \dots\dots $\dfrac{1296000}{2\pi R} = 3' . 49'' . 1831$

Arcs	Angles	Sinus ou Abscisses	Sinus-verses ou Ordonnés R(1-cos)	Arcs	Angles	Sinus ou Abscisses	Sinus-verses ou Ordonnés R(1-cos)
m	°	m	m	m	°	m	m
10	0. 38. 11. 83	10. 00	0. 06	210	13. 22. 08. 45	208. 09	24. 39
20	1. 16. 23. 66	20. 00	0. 22	220	14. 00. 20. 28	217. 81	26. 76
30	1. 54. 35. 49	30. 00	0. 50	230	14. 38. 32. 11	227. 50	29. 23
40	2. 32. 47. 32	39. 99	0. 89	240	15. 16. 43. 94	237. 16	31. 81
50	3. 10. 59. 15	49. 97	1. 39	250	15. 54. 55. 77	246. 80	34. 49
60	3. 49. 10. 98	59. 95	2. 00	260	16. 33. 07. 60	256. 40	37. 29
70	4. 27. 22. 81	69. 92	2. 72	270	17. 11. 19. 43	265. 95	40. 20
80	5. 05. 34. 64	79. 90	3. 55	280	17. 49. 31. 20	275. 50	43. 20
90	5. 43. 46. 48	89. 85	4. 50	290	18. 27. 43. 10	285. 01	46. 32
100	6. 21. 58. 31	99. 18	5. 54	300	19. 05. 54. 93	294. 48	49. 54
110	7. 10. 00. 13	109. 73	6. 72	310	19. 44. 06. 76	303. 91	52. 86
120	7. 38. 21. 96	119. 65	7. 98	320	20. 22. 18. 58	313. 30	56. 30
130	8. 16. 33. 71	129. 56	9. 36	330	21. 00. 30. 42	322. 65	59. 82
140	8 54. 45. 62	139. 44	10. 87	340	21. 38. 42. 25	331. 97	63. 46
150	9. 32. 57. 46	149. 31	12. 47	350	22. 16. 54. 08	341. 24	67. 20
160	10. 11. 09. 29	159. 16	14. 18	360	22. 55. 05. 92	350. 48	71. 04
170	10. 49. 21. 12	168. 99	16. 00	370	23. 33. 17. 75	359. 68	74. 99
180	11. 27. 32. 96	176. 80	17. 94	380	24. 11. 29. 66	368. 81	79. 03
190	12. 05. 44. 79	188. 60	19. 98	390	24. 49. 41. 41	377. 92	83. 19
200	12. 43. 56. 62	198. 36	22. 13	400	25. 27. 53. 24	386. 96	87. 43

Arcs.	Angles.	Sinus ou Abcisses.	Sinus-verses ou Ordonnés R (1-cos).	Arcs.	Angles.	Sinus ou Abcisses.	Sinus-verses ou Ordonnés R (1-cos).
m	° , ,,	m	m	m	° . ..	m	m
410				720			
420				730			
430				740			
440				750			
450				760			
460				770			
470				780			
480				790			
490				800			
500				810			
510				820			
520				830			
530				840			
540				850			
550				860			
560				870			
570				880			
580				890			
590				900			
600				910			
610				920			
620				930			
630				940			
640				950			
650				960			
660				970			
670				980			
680				990			
690				1000			
700				1010			
710				1020			

CIRCONFÉRENCE D'UN RAYON DE 950ᴹ

R = 950 ᴹ

Longueur de la circonférence $2 \pi R = 3,1415926 \times 1900 = 5969^{m} 32594$

$$\text{Longueur de l'arc correspondant à} \begin{cases} 1^{\circ}\ 0'\ 0'' \dots\dots & \dfrac{2 \pi R}{360} = 16 . 5806276 \\[2mm] 0^{\circ}\ 1'\ 0'' \dots\dots & \dfrac{2 \pi R}{21600} = 0 . 27634379 \\[2mm] 0^{\circ}\ 0'\ 1'' \dots\dots & \dfrac{2 \pi R}{1296000} = 0 . 004605729 \end{cases}$$

Angle correspondant à un arc de 1ᵐ $\dots\dots \dfrac{1296000}{2 \pi R} = 3' . 37'' . 02084868 .$

Arcs	Angles	Sinus ou Abscisses	Sinus-verses ou Ordonnés R (1-cos)	Arcs	Angles	Sinus ou Abscisses	Sinus-verses ou Ordonnés R (1-cos)
ᴹ	° ' "	ᵐ	ᵐ	ᵐ	°	ᵐ	ᵐ
10	0 . 36 . 11 . 21	10 . 00	0 . 06	210	12 . 39 . 55 . 38	208 . 28	23 . 10
20	1 . 12 . 22 . 42	20 . 00	0 . 21	220	13 . 16 . 06 . 59	218 . 04	25 . 35
30	1 . 48 . 33 . 63	30 . 00	0 . 48	230	13 . 52 . 17 . 00	227 . 75	27 . 68
40	2 . 24 . 44 . 83	39 . 99	0 . 85	240	14 . 28 . 29 . 00	237 . 45	30 . 16
50	3 . 00 . 56 . 04	49 . 98	1 . 32	250	15 . 04 . 40 . 21	247 . 12	32 . 70
60	3 . 37 . 07 . 25	59 . 96	1 . 90	260	15 . 40 . 51 . 42	256 . 76	35 . 36
70	4 . 13 . 18 . 46	69 . 94	2 . 58	270	16 . 17 . 02 . 63	266 . 38	38 . 10
80	4 . 49 . 29 . 67	79 . 91	3 . 36	280	16 . 53 . 13 . 84	275 . 90	40 . 90
90	5 . 25 . 40 . 88	89 . 87	4 . 25	290	17 . 29 . 25 . 05	285 . 58	43 . 91
100	6 . 01 . 52 . 08	99 . 81	5 . 27	300	18 . 05 . 36 . 25	295 . 04	46 . 98
110	6 . 38 . 03 . 29	109 . 75	6 . 36	310	18 . 41 . 47 . 46	304 . 53	50 . 11
120	7 . 14 . 14 . 50	119 . 68	7 . 56	320	19 . 17 . 58 . 67	313 . 98	53 . 36
130	7 . 50 . 27 . 71	129 . 59	8 . 87	330	19 . 54 . 09 . 88	323 . 40	56 . 74
140	8 . 26 . 36 . 92	139 . 49	10 . 29	340	20 . 30 . 21 . 09	332 . 79	60 . 20
150	9 . 02 . 48 . 13	149 . 33	11 . 81	350	21 . 06 . 22 . 30	342 . 19	63 . 74
160	9 . 38 . 59 . 34	159 . 24	13 . 43	360	21 . 42 . 43 . 51	351 . 45	57 . 39
170	10 . 15 . 10 . 54	169 . 09	15 . 16	370	22 . 18 . 54 . 71	360 . 72	71 . 13
180	10 . 51 . 21 . 75	178 . 92	17 . 01	380	22 . 55 . 05 . 92	369 . 95	74 . 97
190	11 . 27 . 32 . 96	188 . 73	18 . 93	390	23 . 31 . 17 . 13	379 . 14	78 . 90
200	12 . 03 . 44 . 17	198 . 52	20 . 96	400	24 . 07 . 28 . 34	388 . 29	82 . 94

Arcs.	Angles.	Sinus ou Abcisses.	Sinus verses ou Ordonnés R (1-cos)	Arcs.	Angles.	Sinus ou Abcisses.	Sinus verses ou Ordonnés R (1-cos)
410	24. 43. 39. 55	397. 39	87. 07	720			
420	25. 19. 58. 76	406. 40	91. 34	730			
430	25. 55. 01. 96	415. 47	95. 66	740			
440	26. 32. 13. 17	424. 43	100. 07	750			
450	27. 08. 24. 38	433. 36	104. 58	760			
460				770			
470				780			
480				790			
490				800			
500				810			
510				820			
520				830			
530				840			
540				850			
550				860			
560				870			
570				880			
580				890			
590				900			
600				910			
610				920			
620				930			
630				940			
640				950			
650				960			
660				970			
670				980			
680				990			
690				1000			
700				1010			
710				1020			

CIRCONFÉRENCE D'UN RAYON DE 1000ᵐ

R = 1000 ᵐ

Longueur de la circonférence $2 \pi R = 3.1415926 \times 2000 = 6283^{m} 1852$

Longueur de l'arc correspondant à
$$1^o \ 0' \ 0'' \dots \frac{2 \pi R}{360} = 17 \ . \ 4532$$
$$0^o \ 1' \ 0'' \dots \frac{2 \pi R}{21600} = 0 \ . \ 2909$$
$$0^o \ 0' \ 1'' \dots \frac{2 \pi R}{1296000} = 0 \ . \ 00484$$

Angle correspondant à un arc de $1^m \dots \frac{1296000}{2 \pi R} = 3'.26''.26481.$

Arcs.	Angles.	Sinus ou Abscisses.	Sinus-verses ou Ordonnés R (1-cos).	Arcs.	Angles.	Sinus ou Abscisses.	Sinus-verses ou Ordonnés R (1-cos).
10	0.34.22".65	10.00	0.05	210	12.01'.55".61.	208.46	21.97
20	1.08.45.30	20.00	0.20	220	12.36.18.26	218.23	24.10
30	1.43.07.95	30.00	0.45	230	13.10.40.91	227.98	26.33
40	2.17.30.60	39.99	0.80	240	13.45.03.56	237.70	28.66
50	2.51.53.25	49.97	1.26	250	14.19.26.21	247.80	31.09
60	3.26.15.90	59.96	1.80	260	14.53.48.86	257.08	33.61
70	4.00.38.55	69.94	2.45	270	15.28.11.51	266.73	36.23
80	4.35.01.20	79.91	3.20	280	16.02.34.16	276.36	38.94
90	5.09.23.85	89.88	4.05	290	16.36.56.81	285.95	41.76
100	5.43.46.50	99.83	5.00	300	17.11.19.44·	295.52	44.66
110	6.18.09.15	109.78	6.04	310	17.45.42.09	305.06	47.67
120	6.52.31.80	119.71	7.19	320	18.20.04.74	314.56	50.76
130	7.26.54.45	129.63	8.44	330	18.54.27.39	324.04	53.96
140	8.01.17.10	139.55	9.79	340	19.28.50.04	333.49	57.25
150	8.35.39.75	149.44	11.23	350	20.03.12.69	342.90	60.63
160	9.10.02.40	159.32	12.77	360	20.37.35.34	352.27	64.10
170	9.44.25.05	169.18	14.42	370	21.11.57.99	361.62	67.67
180	10.18.47.70	179.03	16.16	380	21.46.20.64	370.92	71.33
190	10.53.10.35	188.86	18.00	390	22.20.43.27	380.19	75.09
200	11.27.32.96	198.67	19.93	400	22.55.05.92	389.42	78.94

Arcs.	Angles.	Sinus ou Abcisses.	Sinus-verses ou Ordonnés R (1-cos).	Arcs.	Angles.	Sinus ou Abcisses.	Sinus-verses ou Ordonnés R (1-cos).
m	°	m	m	m	°	m	m
410	23.29.28."57.	398.61	82.88	720			
420	24.03.51.22	407.76	86.91	730			
430	24.38.13.87	416.87	91.03	740			
440	25.12.36.52	425.94	95.25	750			
450	25.46.59.17	434.97	99.56.	760			
460				770			
470				780			
480				790			
490				800			
500				810			
510				820			
520				830			
530				840			
540				850			
550				860			
560				870			
570				880			
580				890			
590				900			
600				910			
610				920			
620				930			
630				940			
640				950			
650				960			
660				970			
670				980			
680				990			
690				1000			
700				1010			
710				1020			

CIRCONFÉRENCE D'UN RAYON DE 1100 ?

R = 1100 ?

Longueur de la circonférence $2\pi R = 3,1415926 \times 2200 = 6911^m\,50372$

Longueur de l'arc correspondant à :

$$1°\ 0'\ 0'' \dots \dots \frac{2\pi R}{360} = 19.198621$$

$$0°\ 1'\ 0'' \dots \dots \frac{2\pi R}{21600} = 0.31997701$$

$$0°\ 0'\ 1'' \dots \dots \frac{2\pi R}{1296000} = 0.00533290$$

Angle correspondant à un arc de 1^m $\dots \dots \dfrac{1296000}{2\pi R} = 3'.07''.51346342$

Arcs.	Angles.	Sinus ou Abscisses.	Sinus-verses ou Ordonnés R(1-cos).	Arcs.	Angles.	Sinus ou Abscisses.	Sinus-verses ou Ordonnés R(1-cos).
m	°	m	m	m	°	m	m
10	0. 31. 15." 14	10.00	0.05	210	10.56'. 17." 82	208.73	19.99
20	1. 02. 30. 28	20.00	0.18	220	11. 27. 32. 96	218.53	21.93
30	1. 33. 45. 42	30.00	0.41	230	11. 58. 48. 09	228.33	23.96
40	2. 05. 00. 56	39.99	0.73	240	12. 30. 03. 22	238.10	26.08
50	2. 36. 15. 67	49.98	1.14	250	13. 01. 18. 36	247.85	28.29
60	3. 07. 30. 80	59.97	1.64	260	13. 32. 33. 49	257.59	30.59
70	3. 38. 45. 94	69.95	2.23	270	14. 03. 48. 63	267.50	32.97
80	4. 10. 01. 07	79.93	2.91	280	14. 35. 03. 76	276.98	35.44
90	4. 41. 16. 21	89.90	3.68	290	15. 06. 18. 89	286.65	38.01
100	5. 12. 31. 34	99.86	4.54	300	15. 37. 34. 02	296.30	40.66
110	5. 43. 46. 48	109.82	5.50	310	16. 08. 49. 16	305.91	43.40
120	6. 15. 01. 61	119.77	6.54	320	16. 40. 04. 29	315.50	46.22
130	6. 46. 16. 73	129.70	7.67	330	17. 11. 19. 43	325.07	49.13
140	7. 17. 31. 88	139.63	8.89	340	17. 42. 34. 56	334.62	52.13
150	7. 48. 47. 02	149.54	10.21	350	18. 13. 49. 69	344.12	55.21
160	8. 20. 02. 15	159.44	11.62	360	18. 45. 04. 84	353.60	58.38
170	8. 51. 17. 28	169.33	13.11	370	19. 16. 19. 96	363.06	61.64
180	9. 22. 32. 42	179.20	14.70	380	19. 47. 35. 10	372.48	64.99
190	9. 53. 47. 55	189.06	16.37	390	20. 18. 50. 23	381.88	68.42
200	10. 25. 02. 68	195.90	18.13	400	20. 50. 05. 37	391.24	71.93

Arcs.	Angles.	Sinus ou Abcisses.	Sinus-versés ou Ordonnées. R (1-cos)	Arcs.	Angles.	Sinus ou Abcisses.	Sinus-versés ou Ordonnées. R (1-cos)
410	21. 21. 20" 50	400. 58	75. 53	720			
420	21. 52. 35. 64	409. 87	79. 21	730			
430	22. 23. 50. 78	419. 13	82. 98	740			
440	22. 55. 05. 92	428. 36	86. 83	750			
450	23. 26. 21. 05	437. 56	90. 76	760			
460	23. 57. 36. 18	446. 71	94. 78	770			
470	24. 28. 51. 32	455. 83	98. 89	780			
480	25. 00. 06. 45	464. 92	103. 07	790			
490	25. 31. 21 58	473. 96	107. 34	800			
500	26. 02. 36. 22	482.96	111. 69	810			
510				820			
520				830			
530				840			
540				850			
550				860			
560				870			
570				880			
580				890			
590				900			
600				910			
610				920			
620				930			
630				940			
640				950			
650				960			
660				970			
670				980			
680				990			
690				1000			
700				1010			
710				1020			

CIRCONFÉRENCE D'UN RAYON DE 1200 ᴹ

R = 1200 ᴹ

Longueur de la circonférence $2\pi R = 3.1415926 \times 2400 = 7539^{m}.8222$

Longueur de l'arc correspondant à
$$1^\circ\ 0'\ 0'' \dots \frac{2\pi R}{360} = 20.9439$$
$$0^\circ\ 1'\ 0'' \dots \frac{2\pi R}{21600} = 0.349065$$
$$0^\circ\ 0'\ 1'' \dots \frac{2\pi R}{1296000} = 0.00581775$$

Angle correspondant à un arc de 1^m $\dots \dfrac{1296000}{2\pi R} = 2'51''.8873$.

Arcs	Angles	Sinus ou Abscisses	Sinus-versés ou Ordonnées R(1-cos)	Arcs	Angles	Sinus ou Abscisses	Sinus-versés ou Ordonnées R(1-cos)
m	° ' "	m	m	m	° ' "	m	m
10	0. 28. 38. 87	10.00	0.05	210	10. 01. 36. 35	208.93	18.33
20	0. 57. 17. 74	20.00	0.17	220	10. 30. 15. 22	218.77	20.11
30	1. 25. 56. 61.	30.00	0.38	230	10. 58. 54. 09	228.59	21.97
40	1. 54. 35. 48	39.99	0.67	240	11. 27. 32. 96	238.40	23.92
50	2. 23. 14. 35	49.98	1.04	250	11. 56. 11. 83	248.20	25.95
60	2. 51. 53. 22	59.97	1.50	260	12. 24. 50. 70	257.97	28.06
70	3. 20. 32. 09	69.96	2.04	270	12. 53. 29. 57	267.73	30.25
80	3. 49. 10. 96	79.94	2.66	280	13. 22. 08. 44	277.46	32.52
90	4. 17. 49. 83	89.92	3.37	290	13 50. 47. 31	287.18	34.87
100	4. 46. 28. 74	99.89	4.16	300	14. 19. 26. 22	296.88	37.30
110	5. 15. 07. 61	109.85	5.04	310	14. 48. 05. 09	306.56	39.82
120	5. 43. 46. 48	119.80	6.00	320	15! 16. 43. 96	316.22	42.42
130	6. 12. 25. 35	129.74	7.04	330	15. 45. 22. 83.	325.86	45.09
140	6. 41. 04. 22	139.68	8.16	340	16. 14. 01. 70	335.46	47.84
150	7. 09. 43. 09	149.61	9.36	350	16. 42. 40. 57	345.06	50.68
160	7. 38. 21. 96.	159.63	10.65	360	17. 11. 19. 44	354.62	53.60
170	8. 07. 00. 83	160.43	12.02	370	17. 39. 58. 31	364.16	56.59
180	8. 35. 39. 70	179.33	13.48	380	18. 08. 37. 18	373.68	59.66
190	9. 04. 18. 57	189.21	15.02	390	18. 37. 16. 05	383.17	62.82
200	9. 32. 57. 48	199.07	16.63	400	19. 05. 54. 96	392.63	66.05

Arcs.	Angles.	Sinus ou Abcisses.	Sinus-verses ou Ordonnés R.(1-cos).	Arcs.	Angles.	Sinus ou Abcisses.	Sinus-verses ou Ordonnés R.(1-cos).
410	19. 34. 33. 85	402. 06	69. 36	720	34. 22. 38. 92	677. 57	209. 60
420	20. 03. 12. 70	411. 48	72. 76	730	34. 51. 17. 79	685. 80	215. 28
430	20. 31. 51. 57	420. 86	76. 22	740	35. 19. 56. 66	693. 98	221. 13
440	21. 00. 30. 44	430. 20	79. 76	750	35. 48. 35. 53	702. 12	226. 85
450	21. 29. 09. 31	439. 53	83. 39	760	36. 17. 14. 40	710. 20	232. 73
460	21. 57. 48. 18	448. 82	87. 09	770	36. 45. 53. 27	718. 24	239. 24
470	22. 26. 27. 05	458. 08	90. 87	780	37. 14. 32. 14	726. 22	245. 70
480	22. 55. 05. 92	467. 30	94. 73	790	37. 43. 11. 01	734. 16	250. 79
490	23. 23. 44. 81	476. 50	98. 66	800	38. 11. 39. 88	742. 04	256. 93
500	23. 52. 23. 68	485. 66	102. 67	810			
510	24. 21. 02. 55	494. 79	106. 75	820			
520	24. 49. 41. 42	503. 88	110. 92	830			
530	25. 18. 20. 29	512. 93	115. 16	840			
540	25. 46. 59. 16	521. 96	119. 47	850			
550	26. 15. 38. 03	530. 94	123. 85	860			
560	26. 44. 16. 90	539. 89	128. 31	870			
570	27. 12. 55. 77	548. 82	132. 85	880			
580	27. 41. 34. 66	557. 68	137. 46	890			
590	28. 10. 13. 54	566. 52	142. 14	900			
600	28. 38. 52. 43	575. 31	146. 90	910			
610	29. 07. 31. 30	584. 06	151. 73	920			
620	29. 36. 10. 17	592. 78	156. 64	930			
630	30. 04. 49. 04	601. 46	161. 62	940			
640	30. 33. 27. 92	610. 09	166. 66	950			
650	31. 02. 06. 80	618. 68	171. 78	960			
660	31. 30. 45. 87	627. 22	177. 03	970			
670	31. 59. 24. 54	635. 73	182. 32	980			
680	32. 28. 03. 41	644. 17	187. 56	990			
690	32. 56. 42. 28	652. 60	192. 97	1000			
700	33. 25. 21. 15	660. 97	198. 44	1010			
710	33. 54. 00. 05	669. 29	203. 07	1020			

CIRCONFÉRENCE D'UN RAYON DE 1250 ᴹ

R = 1250 ᴹ

Longueur de la circonférence $2 \pi R = 3{,}1415926 \times 2{.}500 = 7853$ ᴹ 981.

Longueur de l'arc correspondant à
$$1^o \; 0' \; 0'' \dots \dots \frac{2 \pi R}{360} = 21 \; . \; 816815$$
$$0^o \; 1' \; 0'' \dots \dots \frac{2 \pi R}{21600} = 0 \; . \; 36361025$$
$$0^o \; 0' \; 1'' \dots \dots \frac{2 \pi R}{1296000} = 0 \; . \; 00606017$$

Angle correspondant à un arc de 1^m $\dots \dots \dfrac{1296000}{2 \pi R} = 2' . 45'' . 0118$.

Arcs.	Angles.	Sinus ou Abscisses.	Sinus-verses ou Ordonnés R(1-cos).	Arcs.	Angles.	Sinus ou Abscisses.	Sinus-verses ou Ordonnés R(1-cos).
m	o ′ ″	m	m	m	o ′ ″	m	m
10	0 . 27 . 30 . 12	10 . 00	0 . 04	210	9 . 37 . 32 . 48	209 . 02	17 . 60
20	0 . 55 . 00 . 24	20 . 00	0 . 16	220	10 . 05 . 02 . 60	218 . 86	19 . 31
30	1 . 22 . 30 . 35	30 . 00	0 . 36	230	10 . 32 . 32 . 71	228 . 71	21 . 10
40	1 . 50 . 00 . 47	39 . 99	0 . 64	240	11 . 00 . 02 . 83	238 . 58	22 . 97
50	2 . 17 . 30 . 59	49 . 98	1 . 00	250	11 . 27 . 33 . 35	248 . 34	24 . 92
60	2 . 45 . 00 . 71	59 . 97	1 . 44	260	11 . 55 . 03 . 07	258 . 13	26 . 95
70	3 . 12 . 30 . 83	69 . 96	1 . 96	270	12 . 22 . 33 . 19	267 . 91	29 . 05
80	3 . 40 . 01 . 34	79 . 95	2 . 56	280	12 . 50 . 03 . 30	277 . 67	31 . 23
90	4 . 07 . 31 . 06	89 . 93	3 . 24	290	13 . 17 . 33 . 42	287 . 41	33 . 49
100	4 . 35 . 01 . 18	99 . 89	4 . 00	300	13 . 45 . 03 . 54	247 . 13	35 . 83
110	5 . 02 . 31 . 30	109 . 86	4 . 84	310	14 . 12 . 34 . 66	306 . 83	38 . 25
120	5 . 30 . 01 . 42	119 . 82	5 . 75	320	14 . 40 . 03 . 78	316 . 52	40 . 74
130	5 . 57 . 31 . 53	129 . 76	6 . 75	330	15 . 07 . 33 . 89	326 . 18	43 . 31
140	6 . 25 . 01 . 65	139 . 71	7 . 83	340	15 . 35 . 04 . 01	335 . 83	45 . 95
150	6 . 52 . 41 . 77	149 . 64	8 . 99	350	16 . 02 . 34 . 13	345 . 45	48 . 68
160	7 . 20 . 01 . 89	159 . 56	10 . 23	360	16 . 30 . 04 . 25	355 . 05	51 . 48
170	7 . 47 . 32 . 01	169 . 48	11 . 54	370	16 . 57 . 34 . 37	364 . 62	54 . 36
180	8 . 15 . 02 . 12	179 . 38	12 . 94	380	17 . 25 . 04 . 48	374 . 18	57 . 32
190	8 . 42 . 32 . 24	189 . 27	14 . 41	390	17 . 52 . 34 . 60	383 . 70	60 . 35
200	9 . 10 . 02 . 36	199 . 15	15 . 97	400	18 . 20 . 04 . 72	393 . 21	63 . 46

Arcs.	Angles.	Sinus ou Abcisses.	Sinus-verses ou Ordonnés R (1-cos).	Arcs.	Angles.	Sinus ou Abcisses.	Sinus-verses ou Ordonnés R (1-cos).
m	° ′ ″	m	m	m	° ′ ″	m	m
410				720			
420				730			
430				740			
440				750			
450				760			
460				770			
470				780			
480				790			
490				800			
500				810			
510				820			
520				830			
530				840			
540				850			
550				860			
560				870			
570				880			
580				890			
590				900			
600				910			
610				920			
620				930			
630				940			
640				950			
650				960			
660				970			
670				980			
680				990			
690				1000			
700				1010			
710				1020			

CIRCONFÉRENCE D'UN RAYON DE 1300 ᴹ

R = 1300 ᴹ

Longueur de la circonférence $2 \pi R = 3.1415926 \times 2600 = 81688^m\ 14076$

Longueur de l'arc correspondant à
$$1^o\ 0'\ 0'' \dots \dots \frac{2 \pi R}{360} = 22.68919$$
$$0^o\ 1'\ 0'' \dots \dots \frac{2 \pi R}{21600} = 0.37815$$
$$0^o\ 0'\ 1'' \dots \dots \frac{2 \pi R}{1296000} = 0.006302$$

Angle correspondant à un arc de $1^m \dots \dots \frac{1296000}{2 \pi R} = 2'.38''.665238$.

Arc.ᵐ	Angles.	Sinus ou Abscisses.	Sinus-verses ou Ordonnés R(1-cos).	Arc.ᵐ	Angles.	Sinus ou Abscisses.	Sinus-verses ou Ordonnés R(1-cos).
10	0. 26. 26." 65	10.00	0.04	210	9. 15'. 19." 69	209.09	16.93
20	0. 52. 53. 30	20.00	0.15	220	9. 41. 46. 34	218.96	18.57
30	1. 19. 19. 95	30.00	0.35	230	10. 08. 13. 00	228.80	20.29
40	1. 45. 46. 60	39.99	0.61	240	10. 34. 39. 65	238.64	22.10
50	2. 12. 13. 26	49.98	0.97	250	11. 01. 06. 30	248.46	23.96
60	2. 38. 39. 91	59.97	1.38	260	11. 27. 32. 95	258.27	25.92
70	3. 05. 06. 56	69.96	1.89	270	11. 53. 59. 60	268.06	27.94
80	3. 31. 33. 21	79.95	2.47	280	12. 20. 26. 26	277.84	30.04
90	3. 57. 59. 86	89.93	3.12	290	12. 46. 52. 91	287.60	32.21
100	4. 24. 26. 52	99.90	3.85	300	13. 13. 19. 56	297.34	34.47
110	4. 50. 53. 17	109.87	4.66	310	13. 39. 46. 21	307.07	36.78
120	5. 17. 19. 82	119.83	5.54	320	14. 06. 12. 86	316.78	39.14
130	5. 43. 46. 48	129.78	6.50	330	14. 32. 39. 52	326.47	41.15
140	6. 10. 13. 13	139.72	7.54	340	14. 59. 06. 17	336.14	44.21
150	6. 36. 39. 78	149.66	8.64	350	15. 25. 32. 82	345.79	46.83
160	7. 03. 06. 43	159.59	9.83	360	15. 51. 59. 47	355.42	49.53
170	7. 29. 33. 08	169.52	11.11	370	16. 18. 26. 12	365.03	52.30
180	7. 55. 59. 74	179.43	12.45	380	16. 44. 52. 78	374.61	55.15
190	8. 22. 26. 39	189.32	13.86	390	17. 11. 19. 43	384.17	58.06
200	8. 48. 53. 04	199.21	15.36	400	17. 37. 46. 08	393.72	61.05

Arcs.	Angles.	Sinus ou Abcisses.	Sinus-verses ou Ordonnés R (1-cos).	Arcs.	Angles.	Sinus ou Abcisses.	Sinus-verses ou Ordonnés R (1-cos).
m	°	m	m	m	°		
410	18. 04. 12."73	403. 24	64. 12	720			
420	18. 30. 39. 38	413. 08	67. 26	730			
430	18. 57. 06. 04	422. 20	70. 47	740			
440	19. 23. 32. 69	431. 65	73. 75	750			
450	19. 49. 59. 34	441. 07	77. 11	760			
460	20. 16. 25. 99	450. 46	80. 54	770			
470	20. 42. 52. 64	459. 83	84. 04	780			
480	21. 09. 19. 30	469. 16	87. 62	790			
490	21. 35. 45. 95	478. 48	91. 16	800			
500	22. 02. 12. 60	487. 76	94. 98	810			
510				820			
520				830			
530				840			
540				850			
550				860			
560				870			
570				880			
580				890			
590				900			
600				910			
610				920			
620				930			
630				940			
640				950			
650				960			
660				970			
670				980			
680				990			
690				1000			
700				1010			
710				1020			

CIRCONFÉRENCE D'UN RAYON DE 1400 ^{M}

R = 1400 ^{M}

Longueur de la circonférence $2\,\pi\,R = 3.1415926 \times 2800 = 8796\ ^{\text{m}} 45928$

Longueur de l'arc correspondant à
$$1° \ 0' \ 0'' \ldots\ldots \frac{2\,\pi R}{360} = 24\ .\ 433609$$
$$0° \ 1' \ 0'' \ldots\ldots \frac{2\,\pi R}{21600} = 0\ .\ 4072434$$
$$0° \ 0' \ 1'' \ldots\ldots \frac{2\,\pi R}{1296000} = 0\ .\ 0067173 9$$

Angle correspondant à un arc de $1^{\text{m}}\ldots\ldots \frac{1296000}{2\,\pi R} = 2'.\ 27''.\ 332.$

Arcs.	Angles.	Sinus ou Abscisses.	Sinus-verses ou Ordonnés R(1−cos).	Arcs.	Angles.	Sinus ou Abscisses.	Sinus-verses ou Ordonnés R(1−cos).
^{m}	$°$	^{m}	^{m}	^{m}	$°$	^{m}	^{m}
10	0. 24. 33. ''32	10. 00	0. 04	210	8. 35.' 39.'' 72	209. 21	15. 72
20	0. 49. 06. 64	20. 00	0. 14	220	9. 00. 13. 04	219. 10	17. 25
30	1. 13. 39. 96	30. 00	0. 32	230	9. 24. 46. 36	228. 97	18. 85
40	1. 38. 13. 28	39. 99	0. 57	240	9. 49. 19. 68	238. 83	20. 55
50	2. 02. 46. 60	49. 99	0. 89	250	10. 13. 53. 00	248. 67	22. 26
60	2. 27. 19. 92	59. 98	1. 29	260	10. 38. 26. 32	258. 51	24. 07
70	2. 51. 53. 24	69. 97	1. 75	270	11. 02. 59. 64	268. 33	26. 00
80	3. 16. 26. 56	79. 96	2. 29	280	11. 27. 32. 96	278. 14	27. 91
90	3. 40. 59. 88	89. 94	2. 89	290	11. 52. 06. 28	287. 93	29. 93
100	4. 05. 33. 20	99. 91	3. 57	300	12. 16. 39. 60	297. 71	32. 02
110	4. 30. 06. 52	109. 89	4. 32	310	12. 41. 12. 92	307. 47	34. 18
120	4. 54. 39. 84	119. 85	5. 14	320	13. 05. 46. 24	317. 22	36. 41
130	5. 19. 13. 16	129. 81	6. 03	330	13. 30. 19. 56	326. 95	38. 71
140	5. 43. 46. 48	139. 77	6. 99	340	13. 54. 52. 88	336. 67	41. 08
150	6. 08. 19. 80	149. 71	8. 03	350	14. 19. 26. 20	346. 37	43. 52
160	6. 32. 53. 12	159. 65	9. 13	360	14. 43. 59. 52	356. 05	46. 03
170	6. 57. 26. 44	169. 58	10. 31	370	15. 08. 32. 84	365. 71	48. 61
180	7. 21. 59. 76	179. 50	11. 56	380	15. 33. 06. 16	375. 35	51. 25
190	7. 46. 33. 08	189. 42	12. 87	390	15. 57. 39. 48	384. 98	53. 97
200	8. 11. 06. 40	199. 32	14. 26	400	16. 22. 12. 80	394. 58	56. 76

Arcs.	Angles.	Sinus ou Abcisses.	Sinus-verses ou Ordonnées R (1-cos).	Arcs.	Angles.	Sinus ou Abcisses.	Sinus-verses ou Ordonnées R (1-cos).
+10	16. 46. 46." 12	403. 24	59. 61	720	29. 27. 59." 04	688. 68	181. 10
120	17. 11. 19. 44	413. 73	62. 53	730	29. 52. 32. 36	697. 37.	186. 05
130	17. 35. 52. 76	423. 27	65. 52	740	30. 17. 05. 68	706. 02	191. 06
140	18. 00. 26. 08	432. 79	68. 58	750	30. 41. 39. 00	714. 64	196. 13
150	18. 24. 59. 40	442. 29	71. 71	760	31. 06. 12. 32	723. 22	201. 27
160	18. 49. 32. 72	451. 77	74. 89	770	31. 30. 45. 64	731. 76	206. 47
170	19. 14. 06. 04	461. 22	78. 15	780	31. 55. 18. 96	740. 27	211. 72
180	19. 38. 39. 36	470. 65	81. 48	790	32. 19. 52. 28	748. 74	217. 04
190	20. 03. 12. 68	480. 06	84. 88	800	32. 44. 25. 60	757. 17	222. 42
500	20. 27. 46. 00	489. 44	88. 34	810			
510	20. 52. 19. 32	498. 80	91. 87	820			
520	21. 16. 52. 64	508. 13	95. 47	830			
530	21. 41. 25. 96	517. 43	99. 13	840			
540	22. 05. 59. 28	526. 71	102. 86	850			
550	22. 30. 32. 60	535. 96	106. 65	860			
560	22. 55. 05. 92	545. 19	110. 51	870			
570	23. 19. 39. 24	554. 38	114. 44	880			
580	23. 44. 12. 56	563. 55	118. 43	890			
590	24. 08. 45. 88	572. 69	122. 49	900			
600	24. 33. 19. 20	581. 80	126. 62	910			
610	24. 57. 52. 52	590. 88	130. 81	920			
620	25. 22. 25. 84	599. 93	135. 06	930			
630	25. 46. 59. 16.	608. 95	139. 37	940			
640	26. 11. 32. 48	617. 94	143. 76	950			
650	26. 36. 05. 80	626. 90	148. 21	960			
660	27. 00. 39. 12	635. 82	152. 71	970			
670	27. 25. 12. 44	644. 72	157. 29	980			
680	27. 49. 45. 76	653. 58	161. 92	990			
690	28. 14. 19. 08	662. 40	166. 62	1000			
700	28. 38. 52. 40	671. 20	171. 38	1010			
710	29. 03. 25. 72	679. 95	176. 21	1020			

CIRCONFÉRENCE D'UN RAYON DE 1500 M.

R = 1500 M.

Longueur de la circonférence 2 π R = 3,1415926 × 3000 = 9424 m 7778

Longueur de l'arc correspondant à :

$$1° \ 0' \ 0'' \ldots \ldots \quad \frac{2 \pi R}{360} = 26 . 17995$$

$$0° \ 1' \ 0'' \ldots \ldots \quad \frac{2 \pi R}{21600} = 0 . 436333$$

$$0° \ 0' \ 1'' \ldots \ldots \quad \frac{2 \pi R}{1296000} = 0 . 0072722$$

Angle correspondant à un arc de 1 m .... $\dfrac{1296000}{2 \pi R} = 2' 17'' . 50984$.

Arcs.	Angles.	Sinus ou Abscisses.	Sinus-verses ou Ordonnés R (1-cos).	Arcs.	Angles.	Sinus ou Abscisses.	Sinus-verses ou Ordonnés R (1-cos).
m	°	m	m	m	°	m	m
10	0. 22. 55". 10	10 . 00	0 . 04	210	8 . 01. 17." 07.	209 . 31	14 . 68
20	0. 45. 50. 20'	20 . 00	0 . 13	220	8 . 24. 12. 17	219 . 21	16 . 10
30	1 . 08 . 45 . 30	30 . 00	0 . 30	230	8 . 47. 07. 27	229 . 10	17 . 60
40	1 . 31. 40. 40	39 . 99	0 . 54	240	9 . 10 . 02 . 37	238 . 97	19 . 16
50	1 . 54. 35. 50	49 . 99	0 . 84	250	9 . 32. 57. 47	248 . 84	20 . 78
60	2 . 17. 30. 60	59 . 99	1 . 20	260	9 . 55. 52. 57	258 . 70	22 . 48
70	2 . 40. 25. 70	69 . 98	1 . 63	270	10 . 18 . 47. 67	268 . 55	24 . 24
80	3 . 03. 20. 80	79 . 96	2 . 13	280	10 . 41. 42. 77	278 . 38	26 . 06
90	3 . 26. 15. 90	89 . 95	2 . 70	290	11 . 04. 37. 87	288 . 20	27 . 95
100	3 . 49 . 10 . 98	99 . 93	3 . 33	300	11 . 27. 32. 95	298 . 00	29 . 90
110	4 . 12. 06. 08	109 . 90	4 . 03	310	11 . 50. 28. 05	307 . 80	31 . 92
120	4 . 35. 01. 18.	119 . 87	4 . 80	320	12 . 13. 23. 15	317 . 57	34 . 00
130	4 . 57. 56. 28	129 . 84	5 . 63	330	12 . 36. 18. 25	327 . 32	36 . 15
140	5 . 20. 51. 38	139 . 80	6 . 52	340	12 . 59 . 13 . 35	337 . 09	38 . 37
150	5 . 43. 46. 48	149 . 75	7 . 49	350	13 . 22. 08. 45	346 . 83	40 . 65
160	6 . 06. 41. 58	159 . 70	8 . 53.	360	13 . 45. 03. 55	356 . 56	42 . 99
170	6 . 29. 36. 68	169 . 64	9 . 62	370	14 . 07. 58. 65	366 . 27	45 . 41
180	6 . 06. 41. 58	179 . 57	10 . 79	380	14 . 30. 53. 75	375 . 95	47 . 88
190	6 . 29. 36. 68	189 . 49	12 . 02	390	14 . 53. 48. 85	385 . 63	50 . 42
200	7 . 38. 21. 97	199 . 41	13 . 33	400	15 . 16. 43. 94	395 . 28	53 . 02

Arcs.	Angles.	Sinus ou Abcisses.	Sinus-verses ou Ordonnés R (1-cos).	Arcs.	Angles.	Sinus ou Abcisses.	Sinus-verses ou Ordonnés R (1-cos).
m	°	m	m	m	°	m	m
410	15. 39. 39.''04	404. 92	55. 68	720			
420	16. 02. 34. 14	414. 53	58. 42	730			
430	16. 25. 29. 24	424. 14	61. 22	740			
440	16. 48. 24. 34	433. 71	64. 07	750			
450	17. 11. 19. 44	443. 28	67. 00	760			
460	17. 34. 14. 54	452. 83	69. 98	770			
470	17. 57. 09. 64	462. 35	73. 03	780			
480	18. 20. 04. 74	471. 85	76. 15	790			
490	18. 42. 59. 84	481. 33	79. 32	800			
500	19. 05. 54. 92	490. 79	82. 56	810			
510	19. 28. 50. 02	500. 23	85. 87	820			
520	19. 51. 45. 12	509. 65	89. 23	830			
530	20. 14. 40. 22	519. 04	92. 66	840			
540	20. 37. 35. 32	528. 41	96. 16	850			
550	21. 00. 30. 42	537. 76	99. 71	860			
560	21. 23. 25. 52	547. 08	103. 32	870			
570	21. 46. 20. 62	556. 38	107. 00	880			
580	22. 09. 15. 72	565. 66	110. 74	890			
590	22. 32. 10. 82	574. 90	114. 54	900			
600	22. 55. 05. 90	584. 13	118. 41	910			
610	23. 18. 01. 00	593. 33	122. 33	920			
620	23. 40. 56. 10	602. 50	126. 32	930			
630	24. 03. 51. 20	611. 64	130. 36	940			
640	24. 26. 46. 30	620. 76	134. 48	950			
650	24. 49. 41. 40	629. 85	138. 64	960			
660	25. 12. 36. 50	638. 92	142. 87	970			
670	25. 35. 31. 60	647. 94	147. 16	980			
680	25. 58. 26. 70	656. 95	151. 51	990			
690	26. 21. 21. 80	665. 92	155. 92	1000			
700	26. 44. 16. 88	674. 87	160. 39	1010			
710				1020			

CIRCONFÉRENCE D'UN RAYON DE 1600 ^{M}

R = 1600 ^{M}

Longueur de la circonférence $2\pi R$ = 3,1415926 × 3200 = 10053 ^{m} 09632

Longueur de l'arc correspondant à :

$$1°\ 0'\ 0'' \dots \quad \frac{2\pi R}{360} = 27.925266$$

$$0°\ 1'\ 0'' \dots \quad \frac{2\pi R}{21600} = 0.4654210$$

$$0°\ 0'\ 1'' \dots \quad \frac{2\pi R}{1296000} = 0.0077570$$

Angle correspondant à un arc de 1^m $\dots \quad \dfrac{1296000}{2\pi R} = 2'\ 08''\ 9155$

Arcs	Angles	Sinus ou Abscisses	Sinus-verses ou Ordonnées R(1-cos)	Arcs	Angles	Sinus ou Abscisses	Sinus-verses ou Ordonnées R(1-cos)
m	°	m	m	m	°	m	m
10	0.21.29."60	10.00	0.04	210	7.31.12."25	209.39	13.76
20	0.42.58.31	20.00	0.12	220	7.52.41.41	219.30	15.10
30	1.04.27.46	29.99	0.31	230	8.14.10.56	229.20	16.50
40	1.25.56.62	39.99	0.50	240	8.35.39.72	239.10	17.96
50	1.47.25.77	49.98	0.78	250	8.57.08.87	248.98	19.49
60	2.08.54.93	59.98	1.12	260	9.18.38.03	258.86	21.08
70	2.30.24.08	69.97	1.53	270	9.40.07.18	268.72	22.73
80	2.51.53.24	79.96	2.00	280	10.01.36.34	278.58	24.44
90	3.13.22.39	89.95	2.53	290	10.23.05.49	288.41	26.21
100	3.34.51.55	99.94	3.12	300	10.44.34.65	298.24	28.04
110	3.56.20.71	109.91	3.78	310	11.06.03.80	308.06	29.94
120	4.17.49.86	119.88	4.50	320	11.27.32.96	317.88	31.90
130	4.39.19.01	129.85	5.28	330	11.49.02.11	327.67	33.92
140	5.00.48.17	139.82	6.12	340	12.10.31.27	337.44	36.00
150	5.22.17.77	149.78	7.03	350	12.32.00.42	347.21	38.13
160	5.43.46.48	159.74	8.00	360	12.53.29.58	356.98	40.34
170	6.05.15.63	169.68	9.02	370	13.14.58.73	366.71	42.59
180	6.26.44.79	179.62	10.12	380	13.36.27.89	376.44	44.92
190	6.48.13.94	189.55	11.27	390	13.57.57.04	386.14	47.30
200	7.09.43.10	199.48	12.48	400	14.19.26.20	395.84	49.74

Arcs.	Angles.	Sinus ou Abcisses.	Sinus-versés ou Ordonnés. R (1-cos).	Arcs.	Angles.	Sinus ou Abcisses.	Sinus-versés ou Ordonnés. R (1-cos).
m	° ' "	m	m	m	° ' "	m	m
410	14.40.55"35	405.52	52.24	720			
420	15.02.24.51	415.20	54.82	730			
430	15.23.53.66	424.84	57.43	740			
440	15.45.22.82	434.48	60.12	750			
450	16.06.51.97	444.08	62.88	760			
460	16.28.21.13	453.68	65.68	770			
470	16.49.50.28	463.26	68.53	780			
480	17.11.19.44	472.84	71.46	790			
490	17.32.48.59	482.38	74.45	800			
500	17.54.17.75	491.90	77.50	810			
510	18.15.46.90	501.43	80.60	820			
520	18.37.16.06	510.90	83.76	830			
530	18.58.45.21	520.36	86.98	840			
540	19.20.14.37	529.80	90.26	850			
550	19.41.43.52	539.23	93.60	860			
560	20.03.12.68	548.64	97.00	870			
570	20.24.41.83	558.01	100.46	880			
580	20.46.10.99	567.38	103.98	890			
590	21.07.40.14	576.71	107.55	900			
600	21.29.09.30	586.04	111.18	910			
610	21.50.38.45	595.32	114.87	920			
620	22.12.07.61	604.60	118.63	930			
630	22.33.36.71	613.83	122.44	940			
640	22.55.05.92	623.08	126.30	950			
650	23.16.35.07	632.26	130.22	960			
660	23.38.04.23	641.44	134.20	970			
670	23.59.33.38	650.58	138.24	980			
680	24.21.02.54	659.72	142.34	990			
690				1000			
700				1010			
710				1020			

CIRCONFÉRENCE D'UN RAYON DE 1700 ᴹ

R = 1700 ᴹ

Longueur de la circonférence $2 \pi R = 3,1415926 \times 3400 = 10681$ ᵐ 41484

Longueur de l'arc correspondant à :

$$1° \ 0' \ 0'' \ldots\ldots \frac{2 \pi R}{360} = 29 \ . \ 670597$$

$$0° \ 1' \ 0'' \ldots\ldots \frac{2 \pi R}{21600} = 0 \ . \ 49450996$$

$$0° \ 0' \ 1'' \ldots\ldots \frac{2 \pi R}{1296000} = 0 \ . \ 00824183\underline{29}$$

Angle correspondant à un arc de $1^m \ldots\ldots \frac{1296000}{2 \pi R} = 2' \ 01'' \ . \ 332241.$

Arcs.	Angles.	Sinus ou Abscisses.	Sinus-verses ou Ordonnés R (1−cos).	Arcs.	Angles.	Sinus ou Abscisses.	Sinus-verses ou Ordonnés R (1−cos).
m	° ' ''	m	m	m	° ' ''	m	m
10	0.20.13.32	10.00	0.03	210	7.04.39.77	209.46	12.97
20	0.40.26.64	20.00	0.12	220	7.24.53.09	219.38	14.22
30	1.00.39.97	30.00	0.27	230	7.45.06.41	229.29	15.53
40	1.20.53.29	39.99	0.47	240	8.05.19.73	239.20	16.92
50	1.41.06.61	49.99	0.74	250	8.25.33.05	249.09	18.35
60	2.01.19.93	59.98	1.06	260	8.45.46.37	258.98	19.84
70	2.21.33.25	69.98	1.44	270	9.05.59.69	268.85	21.40
80	2.41.46.58	79.97	1.88	280	9.26.13.01	278.72	23.01
90	3.01.59.90	89.96	2.38	290	9.46.26.34	288.59	24.69
100	3.22.13.22	99.94	2.94	300	10.06.39.67	298.45	26.40
110	3.42.26.54	109.92	3.56	310	10.26.52.99	308.28	28.19
120	4.02.39.86	119.90	4.23	320	10.47.06.31	318.11	30.03
130	4.22.53.19	129.87	4.97	330	11.07.19.64	327.93	31.93
140	4.43.06.51	139.84	5.59	340	11.27.32.96	337.74	33.89
150	5.03.19.83	149.80	6.61	350	11.47.46.28	347.53	35.90
160	5.23.33.15	159.76	7.52	360	12.07.59.60	357.31	37.98
170	5.43.46.47	169.71	8.49	370	12.28.12.92	367.08	40.11
180	6.03.59.80	179.66	9.50	380	12.48.26.25	376.84	42.30
190	6.24.13.12	189.60	10.61	390	13.08.39.57	386.59	44.54
200	6.44.26.45	199.53	11.75	400	13.28.52.89	396.32	46.84

Arcs.	Angles.	Sinus ou Abcisses.	Sinus verses ou Ordonnés R (1-cos).	Arcs.	Angles.	Sinus ou Abcisses.	Sinus verses ou Ordonnés R (1-cos).
410	13.49.06.21	406.03	49.20	720			
420	14.09.19.53	415.74	51.62	730			
430	14.29.32.86	425.42	54.09	740			
440	14.49.46.18	435.10	56.62	750			
450	15.09.59.50	444.75	59.21	760			
460	15.30.12.82	454.41	61.86	770			
470	15.50.26.14	464.04	64.56	780			
480	16.10.39.47	473.65	67.32	790			
490	16.30.52.79	483.24	70.13	800			
500	16.51.06.12	492.83	73.00	810			
510	17.11.19.44	502.38	75.93	820			
520	17.31.32.76	511.93	78.91	830			
530	17.51.46.09	521.46	81.95	840			
540	18.11.59.41	530.96	85.05	850			
550	18.32.12.73	540.45	88.20	860			
560	18.52.26.05	549.93	91.40	870			
570	19.12.39.37	559.38	94.67	880			
580	19.32.52.70	568.81	97.99	890			
590	19.53.06.02	578.23	101.36	900			
600	20.13.19.34	587.62	104.79	910			
610				920			
620				930			
630				940			
640				950			
650				960			
660				970			
670				980			
680				990			
690				1000			
700				1010			
710				1020			

CIRCONFÉRENCE D'UN RAYON DE 1750 ᴹ

R = 1750 ᴹ

Longueur de la circonférence $2\pi R = 3{,}1415926 \times 3500 = 10995^m\,5741$

Longueur de l'arc correspondant à
$$
\begin{cases}
1^\circ\ 0'\ 0'' \dots\dots & \dfrac{2\pi R}{360} = 30{.}54326 \\[2ex]
0^\circ\ 1'\ 0'' \dots\dots & \dfrac{2\pi R}{21600} = 0{.}50905 \\[2ex]
0^\circ\ 0'\ 1'' \dots\dots & \dfrac{2\pi R}{1296000} = 0{.}008484
\end{cases}
$$

Angle correspondant à un arc de 1^m \dots\dots $\dfrac{1296000}{2\pi R} = 1'.57''.86$.

Arc.	Angles.	Sinus ou Abscisses.	Sinus-verses ou Ordonnés R(1-cos).	Arcs.	Angles.	Sinus ou Abscisses.	Sinus-verses ou Ordonnés R(1-cos).
m	o	m	m	m	o	m	m
10	0 . 19 . 38 . 60	10 . 00	0 . 03	210	6 . 52 . 30 . 60	209 . 49	12 . 59
20	0 . 39 . 17 . 20	20 . 01	0 . 12	220	7 . 12 . 09 . 20	219 . 41	13 . 82
30	0 . 58 . 55 . 80	29 . 997	0 . 22	230	7 . 31 . 47 . 80	229 . 33	15 . 10
40	1 . 18 . 34 . 40	39 . 99	0 . 42	240	7 . 51 . 26 . 40	239 . 24	16 . 43
50	1 . 38 . 13 . 00	49 . 99	0 . 72	250	8 . 11 . 05 . 00	249 . 14	17 . 83
60	1 . 57 . 51 . 60	59 . 98	1 . 03	260	8 . 30 . 43 . 60	259 . 03	19 . 28
70	2 . 17 . 30 . 20	69 . 98	1 . 41	270	8 . 50 . 22 . 20	268 . 92	20 . 79
80	2 . 37 . 08 . 80	79 . 97	1 . 83	280	9 . 10 . 00 . 80	278 . 79	22 . 36
90	2 . 56 . 47 . 40	89 . 95	2 . 32	290	9 . 29 . 30 . 40	288 . 66	23 . 96
100	3 . 16 . 26 . 00	99 . 94	2 . 82	300	9 . 49 . 18 . 00	298 . 52	25 . 64
110	3 . 36 . 04 . 60	109 . 92	3 . 46	310	10 . 08 . 56 . 60	308 . 36	27 . 37
120	3 . 55 . 43 . 20	119 . 80	4 . 12	320	10 . 28 . 35 . 20	318 . 20	29 . 15
130	4 . 15 . 21 . 80	129 . 87	4 . 83	330	10 . 48 . 13 . 80	327 . 03	31 . 01
140	4 . 35 . 00 . 40	139 . 84	5 . 60	340	11 . 07 . 52 . 40	337 . 84	32 . 91
150	4 . 54 . 39 . 00	149 . 84	6 . 45	350	11 . 27 . 31 . 00	347 . 65	34 . 87
160	5 . 14 . 17 . 60	159 . 77	7 . 31	360	11 . 47 . 09 . 60	357 . 45	36 . 18
170	5 . 33 . 56 . 20	169 . 72	8 . 25	370	12 . 06 . 48 . 20	367 . 23	38 . 95
180	5 . 53 . 34 . 80	179 . 67	9 . 26	380	12 . 26 . 26 . 81	377 . 00	41 . 08
190	6 . 13 . 13 . 40	189 . 62	10 . 31	390	12 . 46 . 05 . 40	386 . 76	43 . 28
200	6 . 32 . 52 . 00	199 . 55	11 . 42	400	13 . 05 . 44 . 00	397 . 50	45 . 50

Arcs.	Angles.	Sinus ou Abcisses.	Sinus-verses ou Ordonnées R (1-cos).	Arcs.	Angles.	Sinus ou Abcisses.	Sinus-verses ou Ordonnées R (1-cos).
m	° ' "	m	m	m	° ' "	m	m
410	13.25.22.60	406.24	47.81	720			
420	13.45.04.20	415.96	50.16	730			
430	14.04.39.80	425.66	52.56	740			
440	14.24.18.40	435.35	55.02	750			
450	14.43.57.00	444.03	57.53	760			
460	15.03.25.60	454.69	60.18	770			
470	15.23.14.20	464.34	62.73	780			
480	15.42.52.80	473.98	65.41	790			
490	16.02.31.40	483.60	68.15	800			
500	16.22.10.00	493.20	70.94	810			
510	16.41.48.60	502.79	73.78	820			
520	17.01.27.20	512.36	76.68	830			
530	17.21.05.80	521.91	79.64	840			
540	17.40.44.40	531.44	82.65	850			
550	18.00.23.00	541.96	85.79	860			
560	18.20.01.60	550.47	88.83	870			
570	18.39.40.20	559.95	92.10	880			
580	18.59.18.80	569.41	95.23	890			
590	19.18.57.40	578.86	98.51	900			
600	19.38.36.00	588.28	101.85	910			
610				920			
620				930			
630				940			
640				950			
650				960			
660				970			
670				980			
680				990			
690				1000			
700				1010			
710				1020			

CIRCONFÉRENCE D'UN RAYON DE 1800 M.

R = 1800 M.

Longueur de la circonférence $2 \pi R = 3.1415926 \times 3600 = 11309^{m}.7334$

Longueur de l'arc correspondant à :

$$1^o\ 0'\ 0'' \dots \dots \frac{2 \pi R}{360} = 31.41592610$$

$$0^o\ 1'\ 0'' \dots \dots \frac{2 \pi R}{21600} = 0.523598$$

$$0^o\ 0'\ 1'' \dots \dots \frac{2 \pi R}{1296000} = 0.0087266466$$

Angle correspondant à un arc de $1^m \dots \dots \frac{1296000}{2 \pi R} = 1'\ 54''.59155$.

Arcs.	Angles.	Sinus ou Abscisses.	Sinus-verses ou Ordonnés R.(1-cos).	Arcs.	Angles.	Sinus ou Abscisses.	Sinus-verses ou Ordonnés R.(1-cos).
m	° ' '' '''	m	m	m	° ' '' '''	m	m
10	0. 19. 05. 92	10.00	0.04	210	6. 41. 04. 23	209. 52	12. 24
20	0. 38. 11. 83	20.00	0.12	220	7. 00. 10. 14	219. 45	13. 42
30	0. 57. 17. 75	30.00	0.24	230	7. 19. 16. 05	229. 38	14. 68
40	1. 16. 23. 66	40.00	0.43	240	7. 38. 21. 96	239. 30	15. 96
50	1. 35. 29. 57	49.99	0.69	250	7. 57. 27. 88	249. 21	17. 31
60	1. 54. 35. 49	59.99	1.00	260	8. 16. 33. 79	259. 11	18. 72
70	2. 13. 41. 40	69.98	1.36	270	8. 35. 39. 71	268. 99	20. 22
80	2. 32. 47. 32	79.98	1.78	280	8. 54. 45. 63	278. 87	21. 75
90	2. 51. 53. 23	89.97	2.25	290	9. 13. 51. 54	288. 75	23. 32
100	3. 10. 59. 15	99.95	2.78	300	9. 32. 57. 46	298. 62	24. 93
110	3. 30. 05. 07	109.93	3.36	310	9. 52. 03. 38	308. 48	26. 62
120	3. 49. 10. 98	119.91	4.00	320	10. 11. 09. 29	318. 33	28. 36
130	4. 08. 16. 00	129.89	4.69	330	10. 30. 15. 21	328. 17	30. 15
140	4. 27. 22. 81	139.86	5.45	340	10. 49. 21. 12	337. 99	32. 00
150	4. 46. 28. 73	149.82	6.25	350	11. 08. 27. 04	347. 80	33. 90
160	5. 05. 34. 64	159.78	7. 11	360	11. 27. 32. 96	357. 60	35. 86
170	5. 24. 40. 56	169.74	8.04	370	11. 46. 38. 82	367. 40	37. 90
180	5. 43. 46. 48	179.70	9.00	380	12. 05. 44. 79	377. 21	39. 97
190	6. 02. 52. 40	189.65	10.00	390	12. 24. 50. 70	386. 97	42. 08
200	6. 21. 58. 31	199.59	11.08	400	12. 43. 56. 62	396. 72	44. 26

Arcs.	Angles.	Sinus ou Abcisses.	Sinus verses ou Ordonnés R (1-cos).	Arcs.	Angles.	Sinus ou Abcisses	Sinus verses ou Ordonnés R (1-cos).
410	13.03'.02".54	406.46	46.50	720	22.55'.05".92	700.95	142.09
420	13.22.08.45	416.19	48.78	730	23.14.11.83	710.15	146.02
430	13.41.14.37	425.91	51.11	740	23.33.17.75	719.36	149.98
440	14.00.20.28	435.62	53.52	750	23.52.23.66	728.49	153.99
450	14.19.26.20	445.32	55.95	760	24.11.29.58	737.62	158.07
460	14.38.32.11	455.01	58.44	770	24.30.35.49	746.74	162.20
470	14.57.38.03	464.69	61.01	780	24.49.41.40	755.84	166.38
480	15.16.44.94	474.30	63.63	790	25.08.47.32	764.90	170.61
490	15.35.49.85	483.98	66.28	800	25.27.53.24	773.92	174.87
500	15.54.55.77	493.61	68.99	810			
510	16.14.01.69	503.22	71.76	820			
520	16.33.07.60	512.81	74.58	830			
530	16.52.13.52	522.38	77.46	840			
540	17.11.19.43	531.90	80.40	850			
550	17.30.25.35	541.47	83.38	860			
560	17.49.31.26	551.00	86.40	870			
570	18.08.37.18	560.52	89.49	880			
580	18.27.43.10	570.03	92.64	890			
590	18.46.49.01	579.50	95.84	900			
600	19.05.54.93	588.96	99.09	910			
610	19.25.00.84	598.40	102.38	920			
620	19.44.06.76	607.82	105.71	930			
630	20.03.12.67	617.22	109.12	940			
640	20.22.18.59	626.60	112.58	950			
650	20.41.24.50	635.96	116.09	960			
660	21.00.30.42	645.30	119.64	970			
670	21.19.36.24	654.63	123.25	980			
680	21.38.42.25	663.95	126.92	990			
690	21.57.48.17	673.23	130.65	1000			
700	22.16.54.08	682.49	134.40	1010			
710	22.36.00.00	691.73	138.21	1020			

CIRCONFÉRENCE D'UN RAYON DE 1900ᴹ

R = 1900ᴹ

Longueur de la circonférence $2 \pi R = 3,1415926 \times 3800 = 11938^m\ 0520837$

Longueur de l'arc correspondant à
$$1^o\ 0'\ 0'' \ldots \quad \frac{2 \pi R}{360} = 33,161255788$$
$$0^o\ 1'\ 0'' \ldots \quad \frac{2 \pi R}{21600} = 0,552687596$$
$$0^o\ 0'\ 1'' \ldots \quad \frac{2 \pi R}{1296000} = 0,0092114599$$

Angle correspondant à un arc de $1^m \ldots \quad \dfrac{1296000}{2 \pi R} = 1'\,48''\,560424.$

Arcs.	Angles.	Sinus ou Abscisses.	Sinus-versés ou Ordonnés R(1-cos).	Arcs.	Angles.	Sinus ou Abscisses.	Sinus-versés ou Ordonnés R(1-cos).
m.	o	m	m	m.	o	m	m
10	0.18.05.60	10.00	0.03	210	6.19.56.80	209.57	11.58
20	0.36.11.21	20.00	0.11	220	6.38.02.37	219.50	12.72
30	0.54.16.81	30.00	0.24	230	6.57.07.93	229.43	13.90
40	1.12.22.42	40.00	0.42	240	7.14.13.49	239.34	15.12
50	1.30.28.02	49.99	0.62	250	7.32.19.05	249.26	16.41
60	1.48.33.62	59.99	0.94	260	7.50.24.61	259.18	17.75
70	2.06.38.93	69.98	1.29	270	8.08.30.17	269.08	19.15
80	2.24.44.49	79.98	1.63	280	8.26.35.74	278.98	20.60
90	2.42.50.05	89.97	2.13	290	8.44.41.30	288.87	22.09
100	3.00.55.62	99.95	2.63	300	9.02.46.85	298.76	23.62
110	3.19.01.18	109.94	3.18	310	9.20.52.42	308.62	25.23
120	3.37.06.74	119.92	3.77	320	9.38.57.98	318.48	26.88
130	3.55.12.30	129.90	4.44	330	9.57.03.55	328.32	28.57
140	4.13.17.86	139.87	5.14	340	10.15.09.11	338.16	30.34
150	4.31.23.43	149.84	5.91	350	10.33.14.67	348.00	32.14
160	4.49.29.00	159.81	6.72	360	10.51.20.23	357.85	34.01
170	5.07.34.56	169.76	7.58	370	11.09.25.79	367.65	35.91
180	5.25.40.12	179.77	8.52	380	11.27.31.35	377.45	37.88
190	5.43.45.68	189.68	9.48	390	11.45.36.92	387.23	39.18
200	6.01.52.08	199.63	10.51	400	12.03.42.47	397.02	41.95

Arcs	Angles	Sinus ou Abcisses	Sinus-verses ou Ordonnées R.(1-cos)	Arcs	Angles	Sinus ou Abcisses	Sinus-verses ou Ordonnées R.(1-cos)
410	12. 21. 48″ 04	406. 79	44. 07	720			
420	12. 39. 53. 60	416. 56	46. 24	730			
430	12. 57. 59. 16	426. 35	48. 45	740			
440	13. 16. 04. 72	436. 15	50. 73	750			
450	13. 34. 10. 29	445. 82	53. 04	760			
460	13. 52. 15. 85	455. 49	55. 40	770			
470	14. 10. 21. 41	465. 20	57. 83	780			
480	14. 28. 26. 97	474. 91	60. 47	790			
490	14. 46. 32. 53	484. 56	62. 83	800			
500	15. 04. 38. 09	494. 21	65. 40	810			
510	15. 22. 43. 66	503. 86	68. 02	820			
520	15. 40. 49. 22	513. 51	70. 71	830			
530	15. 58. 54. 78	523. 13	73. 44	840			
540	16. 17. 00. 34	532. 74	76. 22	850			
550	16. 35. 05. 90	542. 31	79. 06	860			
560	16. 53. 11. 46	551. 89	81. 92	870			
570	17. 11. 17. 03	561. 45	84. 85	880			
580	17. 29. 22. 58	571. 01	87. 85	890			
590	17. 47. 28. 15	580. 80	90. 67	900			
600	18. 05. 36. 25	590. 08	93. 95	910			
610				920			
620				930			
630				940			
640				950			
650				960			
660				970			
670				980			
680				990			
690				1000			
700				1010			
710				1020			

CIRCONFÉRENCE D'UN RAYON DE 2000ᵐ
R = 2000ᵐ

Longueur de la circonférence $2 \pi R = 3.1415926 \times 4000 = 12566^{m}3704.$

Longueur de l'arc correspondant à :

$$1^o\ 0'\ 0''\ \dots\ \frac{2 \pi R}{360} = 34.9066$$

$$0^o\ 1'\ 0''\ \dots\ \frac{2 \pi R}{21600} = 0.58177$$

$$0^o\ 0'\ 1''\ \dots\ \frac{2 \pi R}{1296000} = 0.009696$$

Angle correspondant à un arc de $1^m\ \dots\ \dfrac{1296000}{2 \pi R} = 21'.43''.1324.$

Arcs.	Angles.	Sinus ou Abscisses.	Sinus-verses ou Ordonnés R(1-cos).	Arcs.	Angles.	Sinus ou Abscisses.	Sinus-verses ou Ordonnés R(1-cos).
m	° ' " ...	m	m	m	° ' " ...	m	m
10	0.17.11.32	10.00	0.04	210	6.00.57.80	209.62	11.02
20	0.34.22.64	20.00	0.10	220	6.18.09.12	219.56	12.08
30	0.51.33.96	30.00	0.22	230	6.35.20.44	229.49	13.21
40	1.08.45.28	39.99	0.40	240	6.52.31.76	239.42	14.38
50	1.25.56.60	49.99	0.64	250	7.09.43.08	249.35	15.61
60	1.40.07.92	59.99	0.90	260	7.26.54.40	259.26	16.88
70	2.00.19.24	69.98	1.22	270	7.44.05.72	269.18	18.20
80	2.17.30.56	79.98	1.60	280	8.01.17.04	279.10	19.58
90	2.34.41.88	89.97	2.02	290	8.18.28.36	288.98	20.99
100	2.51.53.24	99.96	2.50	300	8.35.39.72	298.88	22.48
110	3.09.04.56	109.95	3.02	310	8.52.51.04	308.75	23.97
120	3.26.15.88	119.93	3.60	320	9.10.02.36	318.64	25.54
130	3.43.27.20	129.90	4.22	330	9.27.13.68	328.51	27.16
140	4.00.38.52	139.88	4.90	340	9.44.29.00	338.36	28.84
150	4.17.49.84	149.86	5.62	350	10.01.36.32	348.21	30.56
160	4.35.01.16	159.83	6.40	360	10.18.47.64	358.06	32.32
170	4.52.12.48	169.79	7.22	370	10.35.58.96	367.90	34.13
180	5.09.23.80	179.76	8.09	380	10.53.10.28	377.72	36.00
190	5.26.35.12	189.72	9.02	390	11.10.21.60	387.53	37.90
200	5.43.46.48	199.66	9.99	400	11.27.32.96	397.34	39.96

Arcs.	Angles.	Sinus ou Abcisses.	Sinus-versus ou Ordonnées R (1-cos).	Arcs.	Angles.	Sinus ou Abcisses.	Sinus-versus ou Ordonnées R (1-cos).
m	°	m	m	m	°	m	m
410	11. 44. 44.″ 28	407. 13	41. 88	720	20. 37. 35.″ 32	704. 54	128. 20
420	12. 01. 55. 60	416. 92	43. 94	730	20. 54. 46. 64	713. 90	131. 76
430	12. 19. 06. 92	426. 70	46. 05	740	21. 11. 57. 96	723. 24	135. 35
440	12. 36. 18. 24	436. 46	48. 20	750	21. 29. 09. 28	732. 55	138. 99
450	12. 53. 29. 56	446. 22	50. 42	760	21. 46. 20. 60	741. 84	142. 66
460	13. 10. 40. 88	455. 96	52. 66	770	22. 03. 31. 92	751. 12	146. 40
470	13. 27. 52. 20	465. 68	54. 97	780	22. 20. 43. 24	760. 38	150. 18
480	13. 45. 03. 52	475. 40	57. 32	790	22. 37. 54. 56	769. 61	154. 01
490	14. 02. 14. 84	485. 11	59. 73	800	22. 55. 05. 92	778. 84	157. 88
500	14. 19. 26. 20	494. 80	62. 18	810	23. 12. 17. 24	788. 04	161. 79
510	14. 36. 37. 52	504. 50	64. 67	820	23. 29. 28. 56	797. 22	165. 76
520	14. 53. 48. 84	514. 16	67. 22	830	23. 46. 39. 88	806. 38	169. 77
530	15. 11. 00. 16	523. 82	69. 82	840	24. 03. 51. 20	815. 52	173. 82
540	15. 28. 11. 48	533. 46	72. 46	850	24. 21. 02. 52	824. 64	177. 92
550	15. 45. 22. 80	543. 10	75. 15	860	24. 38. 13. 84	833. 74	182. 06
560	16. 02. 34. 12	552. 72	77. 88	870	24. 55. 25. 16	842. 82	186. 26
570	16. 19. 45. 44	562. 31	80. 68	880	25. 12. 36. 48	851. 88	190. 50
580	16. 36. 56. 76	571. 90	83. 52	890	25. 29. 47. 84	860. 93	194. 78
590	16. 54. 08. 08	581. 48	86. 39	900	25. 46. 59. 16	869. 94	199. 12
600	17. 11. 19. 44	591. 04	89. 32	910			
610	17. 28. 30. 76	600. 59	92. 31	920			
620	17. 45. 42. 08	610. 12	95. 34	930			
630	18. 02. 53. 40	619. 63	98. 41	940			
640	18. 20. 04. 72	629. 12	101. 62	950			
650	18. 37. 16. 04	638. 62	104. 70	960			
660	18. 54. 27. 36.	648. 08	107. 92	970			
670	19. 11. 38. 68	657. 50	111. 19	980			
680	19. 28. 50. 00	666. 98	114. 50	990			
690	19. 46. 01. 32	676. 38	117. 84	1000			
700	20. 03. 12. 68	685. 80	121. 26	1010			
710	20. 20. 24. 00	695. 18	124. 70	1020			

CIRCONFÉRENCE D'UN RAYON DE 2100 ᴹ

R = 2100 ᴹ

Longueur de la circonférence $2\pi R = 3.1415926 \times 4200 = 13194^{m}.68892$

Longueur de l'arc correspondant à
$$1° \; 0' \; 0'' \dots \dots \frac{2\pi R}{360} = 36.651913$$
$$0° \; 1' \; 0'' \dots \dots \frac{2\pi R}{21600} = 0.6108652$$
$$0° \; 0' \; 1'' \dots \dots \frac{2\pi R}{1296000} = 0.01018108$$

Angle correspondant à un arc de 1ᵐ .... $\dfrac{1296000}{2\pi R} = 1'.38''.22133117$

Arcs	Angles	Sinus ou Abscisses	Sinus-verses ou Ordonnés R(1-cos)	Arcs	Angles	Sinus ou Abscisses	Sinus-verses ou Ordonnés R(1-cos)
m	°	m	m	m	°	m	m
10	0. 16. 22. 21	10.00	0. 02	210	5. 43. 46. 48	209. 65	10. 49
20	0. 32. 44. 43	20.00	0. 09	220	6. 00. 08. 69	219. 60	11. 51
30	0. 49. 06. 64	30.00	0. 21	230	6. 16. 30. 90	229. 54	12. 58
40	1. 05. 28. 85	40.00	0. 38	240	6. 32. 53. 12	239. 48	13. 70
50	1. 21. 51. 07	50.00	0. 59	250	6. 49. 15. 33	249. 41	14. 86
60	1. 38. 13. 28	59.99	0. 85	260	7. 05. 37. 54	259. 34	16. 07
70	1. 54. 35. 49	69.99	1. 17	270	7. 21. 59. 75	269. 26	17. 32
80	2. 10. 57. 70	79.98	1. 52	280	7. 38. 21. 96	279. 17	18. 63
90	2. 27. 19. 92	89.97	1. 93	290	7. 54. 44. 17	289. 08	19. 99
100	2. 43. 42. 13	99. 96	2. 38	300	8. 11. 06. 38	298. 98	21. 39
110	3. 00. 04. 34	109. 95	2. 88	310	8. 27. 28. 59	308. 88	22. 83
120	3. 16. 26. 56	119. 93	3. 43	320	8. 43. 50. 80	318. 76	24. 33
130	3. 32. 48. 77	129. 92	4. 02	330	9. 00. 13. 01	328. 64	25. 87
140	3. 49. 10. 98	139. 90	4. 66	340	9. 16. 35. 23	338. 52	27. 46
150	4. 05. 33. 20	149. 87	5. 36	350	9. 32. 57. 44	348. 38	29. 10
160	4. 21. 55. 41	159. 84	6. 09	360	9. 49. 19. 66	358. 24	30. 78
170	4. 38. 17. 62	169. 81	6. 88	370	10. 05. 41. 88	368. 09	32. 51
180	4. 54. 39. 84	179. 78	7. 71	380	10. 22. 04. 09	377. 93	34. 29
190	5. 11. 02. 05	189. 74	8. 59	390	10. 38. 26. 31	387. 76	36. 11
200	5. 27. 24. 26	199. 70	9. 52	400	10. 54. 48. 55	397. 58	37. 98

Arcs	Angles	Sinus ou Abcisses.	Sinus-verses ou Ordonnés. R (1-cos).	Arcs	Angles	Sinus ou Abcisses.	Sinus-verses ou Ordonnés. R (1-cos).
410	11.11.10.74	407.40	39.90	720			
420	11.27.32.95	417.20	41.86	730			
430	11.43.55.17	427.00	43.87	740			
440	12.00.17.38	436.79	45.93	750			
450	12.16.39.59	446.56	48.03	760			
460	12.33.01.81	456.33	50.18	770			
470	12.49.24.02	466.09	52.38	780			
480	13.05.46.23	475.83	54.62	790			
490	13.22.08.45	485.57	56.91	800			
500	13.38.30.66	495.29	59.24	810			
510	13.54.52.87	505.00	61.63	820			
520	14.11.15.09	514.70	64.05	830			
530	14.27.37.30	524.39	66.53	840			
540	14.43.59.51	534.07	69.05	850			
550	15.00.21.73	543.72	71.61	860			
560	15.16.43.94	553.39	74.23	870			
570	15.33.06.15	563.03	76.88	880			
580	15.49.28.36	572.65	79.59	890			
590	16.05.50.58	582.28	82.34	900			
600	16.22.12.79	591.87	85.13	910			
610	16.38.35.00	601.46	87.98	920			
620	16.54.57.22	611.03	90.86	930			
630	17.11.19.43	620.59	93.79	940			
640	17.27.41.64	630.14	96.77	950			
650	17.44.03.86	639.67	99.80	960			
660				970			
670				980			
680				990			
690				1000			
700				1010			
710				1020			

CIRCONFÉRENCE D'UN RAYON DE 2200ᴹ

R = 2200 ᴹ

Longueur de la circonférence $2\pi R = 3.1415926 \times 4400 = 13823^{m}00744$

Longueur de l'arc correspondant à :

$$1^\circ\ 0'\ 0'' \dots \dots \frac{2\pi R}{360} = 38.397242$$

$$0^\circ\ 1'\ 0'' \dots \dots \frac{2\pi R}{21600} = 0.63995403$$

$$0^\circ\ 0'\ 1'' \dots \dots \frac{2\pi R}{1296000} = 0.010665900$$

Angle correspondant à un arc de 1^m $\dots \dots \dfrac{1296000}{2\pi R} = 1'.33''.75693617.$

Arcs.	Angles.	Sinus ou Abscisses.	Sinus-verses ou Ordonnés. R(1-cos).	Arcs.	Angles.	Sinus ou Abscisses.	Sinus-verses ou Ordonnés. R(1-cos).
m	°	m	m	m	°	m	m
10	0. 15. 37." 57.	10. 00	0. 02	210	5. 28.' 08." 91	209. 68	10. 02
20	0. 31. 15. 14.	20. 00	0. 09	220	5. 43. 46. 46	219. 63	10. 99
30	0. 46. 52. 71	30. 00	0. 20	230	5. 59. 24. 04	229. 58	12. 01
40	1. 02. 30. 28	40. 00	0. 36	240	6. 15. 01. 61	239. 53	13. 08
50	1. 18. 07. 85	50. 00	0. 57	250	6. 30. 39. 17	249. 46	14. 19
60	1. 33. 45. 42	59. 99	0. 82	260	6. 46. 16. 73	259. 40	15. 35
70	1. 49. 22. 99	69. 99	1. 11	270	7. 01. 54. 31	269. 33	16. 55
80	2. 05. 00. 56	79. 98	1. 45	280	7. 17. 31. 88	279. 25	17. 79
90	2. 20. 38. 11	89. 97	1. 84	290	7. 33. 09. 45	289. 17	19. 09
100	2. 36. 15. 67	99. 96	2. 27	300	7. 48. 47. 02	299. 07	20. 42
110	2. 51. 53. 24	109. 95	2. 75	310	8. 04. 24. 58	308. 97	21. 80
120	3. 07. 30. 80	119. 94	3. 27	320	8. 20. 02. 15	318. 87	23. 23
130	3. 23. 08. 37	129. 92	3. 84	330	8. 35. 39. 71	328. 77	24. 70
140	3. 38. 45. 94	139. 90	4. 45	340	8. 51. 17. 28	338. 65	26. 22
150	3. 54. 23. 50	149. 88	5. 11	350	9. 06. 54. 85	348. 52	27. 78
160	4. 10. 01. 07	159. 86	5. 82	360	9. 22. 32. 42	358. 40	29. 39
170	4. 25. 38. 64	169. 83	6. 56	370	9. 38. 09. 92	368. 27	31. 04
180	4. 41. 16. 21	179. 80	7. 36	380	9. 53. 47. 55	378. 12	32. 74
190	4. 56. 53. 78	189. 77	8. 20	390	10. 09. 25. 12	387. 97	34. 48
200	5. 12. 31. 35	199. 73	9. 09	400	10. 25. 02. 68	397. 80	36. 26

Arcs.	Angles.	Sinus ou Abcisses.	Sinus-verses ou Ordonnées R(1-cos).	Arcs.	Angles.	Sinus ou Abcisses.	Sinus-verses ou Ordonnées R(1-cos).
m	°	m	m	m	°	m	m
410	10. 40. 40. 25	407. 63	38. 10	720			
420	10. 56. 17. 82	417. 46	39. 97	730			
430	11. 11. 55. 39	427. 28	41. 89	740			
440	11. 27. 32. 96	437. 07	43. 85	750			
450	11. 43. 10. 52	446. 86	45. 86	760			
460	11. 58. 48. 09	456. 65	47. 92	770			
470	12. 14. 15. 65	466. 42	50. 01	780			
480	12. 30. 03. 22	476. 19	52. 16	790			
490	12. 45. 40. 79	445. 96	54. 34	800			
500	13. 01. 18. 36	495. 70	56. 58	810			
510	13. 16. 55. 92	505. 43	58. 85	820			
520	13. 32. 33. 49	515. 17	61. 17	830			
530	13. 48. 11. 06	524. 90	63. 53	840			
540	14. 03. 48. 63	534. 60	65. 94	850			
550	14. 19. 26. 19	544. 28	68. 39	860			
560	14. 35. 03. 66	553. 96	70. 88	870			
570	14. 50. 41. 32	563. 64	73. 43	880			
580	15. 06. 18. 89	573. 13	76. 01	890			
590	15. 21. 56. 45	582. 96	78. 64	900			
600	15. 37. 34. 02	592. 59	81. 31	910			
610	15. 53. 11. 59	602. 21	84. 02	920			
620	16. 08. 49. 16	611. 82	86. 79	930			
630	16. 24. 26. 72	621. 42	89. 59	940			
640	16. 40. 04. 29	631. 00	92. 44	950			
650	16. 55. 41. 86	640. 57	95. 33	960			
660	17. 11. 19. 43	650. 14	98. 24	970			
670				980			
680				990			
690				1000			
700				1010			
710				1020			

CIRCONFÉRENCE D'UN RAYON DE 2300 ᴹ

R = 2300 ᴹ

Longueur de la circonférence $2\pi R = 3,1415926 \times 4600 = 14451^{\text{m}}\,31596$

Longueur de l'arc correspondant à :

$$1^\circ\ 0'\ 0'' \dots \frac{2\pi R}{360} = 40\quad 142572$$

$$0^\circ\ 1'\ 0'' \dots \frac{2\pi R}{21600} = 0\,.\,6690428$$

$$0^\circ\ 0'\ 1'' \dots \frac{2\pi R}{1296000} = 0\,.\,01115071$$

Angle correspondant à un arc de 1^{m} $\dots \dfrac{1296000}{2\pi R} = 1'\,29''\,68034693.$

Arcs. m	Angles. °	Sinus ou Abscisses m	Sinus-verses ou Ordonnés R (1-cos). m	Arcs. m	Angles. °	Sinus ou Abscisses m	Sinus-verses ou Ordonnés R (1-cos). m
10	0. 14. 56. 80	10 . 00	0 . 02	210	5. 13.' 52 ''87	209 . 71	9 . 58
20	0. 29. 53. 61	20 . 00	0 . 09	220	5. 28. 49. 68	219 . 66	10 . 51
30	0. 44. 50. 41	30 . 00	0 . 20	230	5. 43. 46. 48	229 . 61	11 . 49
40	0. 59. 47. 21	40 . 00	0 . 35	240	5. 58. 43. 28	239 . 56	12 . 51
50	1. 14. 44. 01	50 . 00	0 . 54	250	6. 13. 40. 08	249 . 50	13 . 57
60	1. 29. 40. 82	59 . 99	0 . 78	260	6. 28. 36. 89	259 . 44	14 . 56
70	1. 44. 37. 62	69 . 99	1 . 06	270	6. 43. 33. 69	269 . 30	15 . 83
80	1. 59. 34. 42	79 . 98	1 . 39	280	6. 58. 30. 49	279 . 30	17 . 02
90	2. 14. 31. 23	89 . 97	1 . 76	290	7. 13. 27. 30	289 . 23	18 . 26
100	2. 29. 28. 03	99 . 97	2 . 17	300	7. 28. 24. 10	299 . 14	19 . 53
110	2. 44. 24. 83	109 . 95	2 . 63	310	7. 43. 20. 90	309 . 05	20 . 86
120	2. 59. 21. 64	119 . 94	3 . 13	320	7. 58. 17. 71	318 . 96	22 . 22
130	3. 14. 18. 44	129 . 92	3 . 67	330	8. 13. 14. 51	328 . 76	23 . 63
140	3. 29. 15. 24	139 . 91	4 . 25	340	8. 28. 11. 31	338 . 70	25 . 08
150	3. 44. 12. 04	149 . 89	4 . 89	350	8. 43. 08. 11	348 . 64	26 . 58
160	3. 59. 08. 85	159 . 87	5 . 56	360	8. 58. 04. 92	358 . 53	28 . 12
170	4. 14. 05. 65	169 . 84	6 . 28	370	9. 13. 01. 72	368 . 40	29 . 69
180	4. 29. 02. 45	179 . 82	7 . 04	380	9. 27. 58. 52	378 . 26	31 . 30
190	4. 43. 59. 26	189 . 79	7 . 84	390	9. 42. 55. 33	388 . 12	32 . 99
200	4. 58. 56. 07	199 . 75	8 . 71	400	9. 57. 52. 14	397 . 99	34 . 70

Arcs.	Angles.	Sinus ou Abcisses.	Sinus-verses ou Ordonnés. R (1-cos).	Arcs.	Angles.	Sinus ou Abcisses.	Sinus-verses ou Ordonnés. R (1-cos).
m	° ′ ″	m	m	m	° ′ ″	m	m
410	10.12.48.94	407.84	36.45	720			
420	10.27.45.75	417.68	38.25	730			
430	10.42.42.55	427.50	40.08	740			
440	10.57.39.35	437.32	41.95	750			
450	11.12.36.15	447.12	43.88	760			
460	11.27.32.96	456.92	45.85	770			
470	11.42.29.76	466.74	47.86	780			
480	11.57.26.56	476.41	49.91	790			
490	12.12.23.37	486.29	52.00	800			
500	12.27.20.17	496.07	54.14	810			
510	12.42.16.97	505.82	56.31	820			
520	12.57.13.78	515.58	58.53	830			
530	13.12.10.58	525.32	60.80	840			
540	13.27.07.38	535.05	63.10	850			
550	13.42.04.18	544.77	65.45	860			
560	13.57.00.99	554.48	67.86	870			
570	14.11.57.79	564.18	70.27	880			
580	14.26.54.59	573.87	72.75	890			
590	14.41.51.40	583.11	75.26	900			
600	14.56.48.21	593.00	77.82	910			
610	15.11.45.01	602.87	80.42	920			
620	15.26.41.81	612.52	83.06	930			
630	15.41.38.61	622.15	85.74	940			
640	15.56.35.41	631.77	88.47	950			
650	16.11.32.21	641.39	91.24	960			
660	16.26.29.02	650.98	94.05	970			
670				980			
680				990			
690				1000			
700				1010			
710				1020			

CIRCONFÉRENCE D'UN RAYON DE 2400 M.

R - 2400 M

Longueur de la circonférence $2 \pi R = 3,1415926 \times 4800 = 15079^{m}\,6444$

$$\text{Longueur de l'arc correspondant à}\begin{cases}1^{o}\ 0'\ 0'' \ldots\ldots\ldots & \dfrac{2 \pi R}{360} = 41\,.\,8878 \\[2ex] 0^{o}\ 1'\ 0'' \ldots\ldots\ldots & \dfrac{2 \pi R}{21600} = 0\,.\,698130 \\[2ex] 0^{o}\ 0'\ 1'' \ldots\ldots\ldots & \dfrac{2 \pi R}{1296000} = 0\,.\,01163550\end{cases}$$

Angle correspondant à un arc de 1^{m} ……… $\dfrac{1296000}{2 \pi R} = 1'\,25''\,94369$

Arcs. m	Angles. ° ' "	Sinus ou Abscisses. m	Sinus-verses ou Ordonnés R(1-cos). m	Arcs. m	Angles. ° ' "	Sinus ou Abscisses. m	Sinus-verses ou Ordonnés R(1-cos). m
10	0. 14. 19 .44	10.00	0. 02	210	5. 00. 48. 17	209. 73	9. 18
20	0. 28. 38. 88	20.00	0. 10	220	5. 15. 07. 61	219. 70	10. 08
30	0. 42. 58. 30	30. 00	0. 19	230	5. 29. 27. 04	229. 65	11. 01
40	0. 57. 17. 74	40. 00	0. 33	240	5. 43. 46. 48	239. 60	12. 00
50	1. 11. 37. 17	50.00	0. 52	250	5. 58. 05. 91	249. 54	13. 01
60	1. 25. 56. 61	59. 99	0. 76	260	6. 12. 25. 35	259. 48	14. 07
70	1. 40. 16. 04	69. 99	1. 02	270	6. 26. 44. 78	269. 42	15. 17
80	1. 54. 35. 48	79. 98	1. 34	280	6. 41. 04. 22	279. 36	16. 32
90	2. 08. 54. 91	89. 97	1. 69	290	6. 55. 23. 65	289. 29	17. 50
100	2. 23. 14 .35	99. 96	2. 08	300	7. 09. 43. 09	299. 22	18. 72
110	2. 37. 33. 80	109. 95	2. 52	310	7. 24. 02. 54	309. 14	19. 99
120	2. 51. 53. 22	119. 94	3. 00	320	7. 38. 21. 96	319. 06	21. 30
130	3. 06. 12. 67	129. 93	3. 52	330	7. 52. 41. 41	328. 96	22. 65
140	3. 20. 32. 09	139. 92	4. 08	340	8. 07. 00. 83	338. 86	24. 04
150	3. 34. 51. 54	149. 90	4. 69	350	8. 21. 20. 28	348. 76	25. 48
160	3. 49. 10. 96	159. 88	5. 32	360	8. 35. 39. 70	358. 66	26. 98
170	4. 03. 30. 41	169. 86	6. 02	370	8. 49. 59. 15	368. 53	28. 47
180	4. 17. 49. 83	179. 84	6. 74	380	9. 04. 18. 57	378. 42	30. 04
190	4. 32. 09. 28	189. 81	7. 52	390	9. 18. 38. 02	388. 28	31. 62
200	4. 46. 28 .74	199. 78	8. 32	400	9. 32. 57. 48	398. 14	33. 26.

Arcs.	Angles.	Sinus ou Abcisses.	Sinus-verses ou Ordonnés R (1-cos).	Arcs.	Angles.	Sinus ou Abcisses.	Sinus-verses ou Ordonnés R (1-cos).
410	9.° 47′ 16″.91	408.00	34.94	720			
420	10. 01. 36. 35	417.86	36.66	730			
430	10. 15. 55. 78	427.70	38.42	740			
440	10. 30. 15. 22	437.54	40.22	750			
450	10. 44. 34. 65	447.36	42.06	760			
460	10. 58. 54. 09	457.18	43.94	770			
470	11. 13. 13. 52	467.00	45.88	780			
480	11. 27. 32. 96	476.80	47.82	790			
490	11. 41. 52. 40	486.60	49.82	800			
500	11. 56. 11. 83	496.39	51.90	810			
510	12. 10. 31. 27	506.17	53.99	820			
520	12. 24. 50. 70	515.94	56.12	830			
530	12. 39. 10. 14	525.70	58.28	840			
540	12. 53. 29. 57	535.46	60.50	850			
550	13. 07. 49. 01	545.19	62.75	860			
560	13. 22. 08. 44	554.92	65.04	870			
570	13. 36. 27. 88	564.85	67.36	880			
580	13. 50. 47. 31	574.36	69.74	890			
590	14. 05. 06. 77	584.07	72.16	900			
600	14. 19. 26. 22	593.76	74.69	910			
610	14. 33. 45. 65	603.45	77.10	920			
620	14. 48. 05. 09	613.12	79.64	930			
630	15. 02. 24. 52	622.78	82.21	940			
640	15. 16. 43. 96	632.44	84.84	950			
650				960			
660				970			
670				980			
680				990			
690				1000			
700				1010			
710				1020			

CIRCONFÉRENCE D'UN RAYON DE 2500.^M

R =2500 .^M

Longueur de la circonférence $2\pi R = 3{,}1415926 \times 5000 = 15707{}^{m}963000$

Longueur de l'arc correspondant à:

$$1^\circ\ 0'\ 0'' \dots \quad \frac{2\pi R}{360} = 43.633230$$

$$0^\circ\ 1'\ 0'' \dots \quad \frac{2\pi R}{21600} = 0.72722050$$

$$0^\circ\ 0'\ 1'' \dots \quad \frac{2\pi R}{1296000} = 0.01212034$$

Angle correspondant à un arc de 1^m $\dots \quad \dfrac{1296000}{2\pi R} = 1'.22''.5059$

Arcs.	Angles.	Sinus ou Abscisses.	Sinus-verses ou Ordonnés R(1-cos).	Arcs.	Angles.	Sinus ou Abscisses.	Sinus-verses ou Ordonnés R(1-cos).
10	0. 13. 45" 06	10. 00	0. 02	210	4. 41. 46" 24	209. 75	8. 81
20	0. 27. 30. 12	20. 00	0. 08	220	5. 02. 31. 30	219. 72	9. 67
30	0. 41. 15. 18	30. 00	0. 18	230	5. 16. 16. 36	229. 68	10. 57
40	0. 55. 00. 24	40. 00	0. 32	240	5. 30. 01. 42	239. 63	11. 51
50	1. 08. 45. 30	50. 00	0. 50	250	5. 43. 46. 48	249. 58	12. 49
60	1. 22. 30. 35	59. 99	0. 72	260	5. 57. 31. 53	259. 53	13. 51
70	1. 36. 15. 41	69. 99	0. 98	270	6. 11. 16. 59	269. 48	14. 57
80	1. 50. 00. 47	79. 99	1. 28	280	6. 25. 01. 65	279. 42	15. 66
90	2. 03. 45. 53	89. 98	1. 62	290	6. 38. 46. 71	289. 35	16. 83
100	2. 17. 30. 59	99. 97	2. 00	300	6. 52. 41. 77	299. 28	17. 98
110	2. 31. 15. 65	109. 96	2. 42	310	7. 06. 16. 83	309. 21	19. 20
120	2. 45. 00. 71	119. 95	2. 88	320	7. 20. 01. 89	319. 13	20. 45
130	2. 58. 45. 77	129. 94	3. 38	330	7. 33. 46. 95	329. 04	21. 75
140	3. 12. 30. 83	139. 93	3. 92	340	7. 47. 32. 01	338. 95	23. 08
150	3. 26. 15. 89	149. 91	4. 50	350	8. 01. 17. 07	348. 86	24. 46
160	3. 40. 00. 94	159. 89	5. 12	360	8. 15. 02. 12	358. 76	25. 88
170	3. 53. 46. 00	169. 87	5. 78	370	8. 28. 47. 18	368. 65	27. 33
180	4. 07. 31. 06	179. 85	6. 48	380	8. 42. 32. 24	378. 54	28. 82
190	4. 21. 16. 12	189. 82	7. 22	390	8. 56. 17. 30	388. 42	30. 36
200	4. 35. 01. 18	199. 79	8. 00	400	9. 10. 02. 36	398. 30	31. 93

Arcs.	Angles.	Sinus ou Abcisses.	Sinus-verses ou Ordonnés R(1-cos).	Arcs.	Angles.	Sinus ou Abcisses.	Sinus-verses ou Ordonnés R(1-cos).
+10	9. 23. 47. 42	408. 16	33. 55	720	16. 30. 04. 25	710. 09	102. 97
+20	9. 37. 32. 48	418. 03	35. 20	730	16. 43. 49. 31	719. 67	105. 82
430	9. 51. 17. 54	427. 88	36. 89	740	16. 57. 34. 37	729. 24	108. 72
440	10. 05. 02. 60	437. 73	38. 62	750	17. 11. 19. 43	738. 80	111. 66
450	10. 18. 47. 66	447. 57	40. 39	760	17. 25. 04. 48	748. 35	114. 63
460	10. 32. 32. 71	457. 41	42. 20	770	17. 38. 49. 54	757. 88	117. 66
470	10. 46. 17. 77	467. 24	44. 05	780	17. 52. 34. 60	767. 41	120. 70
480	11. 00. 02. 83	477. 06	45. 94	790	18. 06. 19. 66	776. 92	123. 79
490	11. 13. 47. 89	486. 87	47. 87	800	18. 20. 04. 72	786. 42	126. 91
500	11. 27. 32. 95	496. 67	49. 83	810			
510	11. 41. 18. 01	506. 47	51. 84	820			
520	11. 55. 03. 07	516. 26	53. 89	830			
530	12. 08. 48. 13	526. 04	55. 97	840			
540	12. 22. 33. 19	535. 81	58. 09	850			
550	12. 36. 18. 25	545. 57	60. 26	860			
560	12. 50. 03. 30	555. 33	62. 46	870			
570	13. 03. 48. 36	565. 07	64. 70	880			
580	13. 17. 33. 42	574. 81	66. 98	890			
590	13. 31. 18. 48	584. 54	69. 30	900			
600	13. 45. 03. 54	594. 26	71. 66	910			
610	13. 58. 48. 60	603. 97	74. 05	920			
620	14. 12. 33. 66	613. 66	76. 49	930			
630	14. 26. 18. 72	623. 35	78. 99	940			
640	14. 40. 03. 78	633. 03	81. 47	950			
650	14. 53. 48. 84	642. 70	84. 02	960			
660	15. 07. 33. 89	652. 36	86. 62	970			
670	15. 21. 18. 95	662. 01	89. 24	980			
680	15. 35. 04. 01	671. 65	91. 91	990			
690	15. 48. 49. 07	681. 27	94. 62	1000			
700	16. 02. 34. 13	690. 89	97. 36	1010			
710	16. 16. 19. 19	700. 49	100. 14	1020			

CIRCONFÉRENCE D'UN RAYON DE 3000ᴹ

R = 3000 ᴹ

Longueur de la circonférence $2 \pi R = 3,1415926 \times 6000 = 18849^{m} 5556$

Longueur de l'arc correspondant à
$$1^{o}\ 0'\ 0'' \ldots \frac{2 \pi R}{360} = 52.3599$$
$$0^{o}\ 1'\ 0'' \ldots \frac{2 \pi R}{21600} = 0.87267$$
$$0^{o}\ 0'\ 1'' \ldots \frac{2 \pi R}{1206000} = 0.0145444$$

Angle correspondant à un arc de $1^{m} \ldots \frac{1206000}{2 \pi R} = 1'.8''.75492$

Arcs.	Angles	Sinus ou Abscisses.	Sinus-verses ou Ordonnés R(1-cos).	Arcs.	Angles	Sinus ou Abscisses.	Sinus-verses ou Ordonnés R(1-cos).
10	0. 11. 27. 55	10.00	0.03	210	4.00.38.53	209.83	7.35
20	0.22.55.10	20.00	0.08	220	4.12.06.08	219.80	8.06
30	0.34.22.65	30.00	0.15	230	4.23.33.63	229.78	8.81
40	0.45.50.20	40.00	0.26	240	4.35.01.18	239.74	9.60
50	0.57.17.75	50.00	0.42	250	4.46.28.73	249.72	10.41
60	1.08.45.30	59.99	0.60	260	4.57.56.28	259.68	11.26
70	1.20.12.85	69.99	0.83	270	5.09.23.83	269.64	12.14
80	1.31.40.40	79.99	1.08	280	5.20.51.38	279.60	13.06
90	1.43.07.95	89.98	1.35	290	5.32.18.93	289.55	14.01
100	1.54.35.49	99.98	1.68	300	5.43.46.47	299.50	14.98
110	2.06.03.04	109.97	2.02	310	5.55.14.02	309.45	16.01
120	2.17.30.59	119.96	2.40	320	6.06.41.58	319.40	17.06
130	2.28.58.14	129.96	2.82	330	6.18.09.13	329.34	18.13
140	2.40.25.69	139.95	3.26	340	6.29.36.68	339.28	19.24
150	2.51.53.24	149.94	3.75	350	6.41.04.23	349.20	20.39
160	3.03.20.79	159.92	4.26	360	6.52.31.78	359.14	21.58
170	3.14.48.34	169.90	4.82	370	7.03.59.33	369.07	22.79
180	3.26.15.89	179.90	5.40	380	7.15.26.88	378.98	24.04
190	3.37.43.44	189.88	6.02	390	7.26.54.43	388.90	25.32
200	3.49.10.98	199.86	6.66	400	7.38.21.97	398.82	26.64

Arcs.	Angles.	Sinus ou Abcisses.	Sinus-versés ou Ordonnées R(1-cos)	Arcs.	Angles.	Sinus ou Abcisses.	Sinus-versés ou Ordonnées R(1-cos)
410	7. 49. 49. 52	408. 73	27. 98	720	13. 45. 03. 55	713. 10	85. 98
420	8. 01. 17. 07	418. 62	29. 36	730	13. 56. 31. 10	722. 81	88. 38
430	8. 12. 44. 62	428. 54	30. 76	740	14. 07. 58. 65	732. 54	90. 82
440	8. 24. 12. 17	438. 42	32. 20	750	14. 19. 26. 20	742. 20	93. 26
450	8. 35. 39. 72	448. 31	33. 69	760	14. 30. 53. 75	751. 90	95. 76
460	8. 47. 07. 27	458. 20	35. 20	770	14. 42. 21. 30	761. 57	98. 28
470	8. 58. 34. 82	468. 08	36. 74	780	14. 53. 48. 85	771. 26	100. 84
480	9. 10. 02. 37	477. 94	38. 32	790	15. 05. 16. 40	780. 90	103. 41
490	9. 21. 29. 92	487. 82	39. 93	800	15. 16. 43. 94	790. 56	106. 04
500	9. 32. 57. 46	497. 68	41. 56	810	15. 28. 11. 49	800. 19	108. 69
510	9. 44. 25. 01	507. 55	43. 25	820	15. 39. 39. 04	809. 84	111. 36
520	9. 55. 52. 57	517. 40	44. 96	830	15. 51. 06. 59	819. 45	114. 08
530	10. 07. 20. 12	527. 25	46. 70	840	16. 02. 34. 14	829. 06	116. 84
540	10. 18. 47. 67	537. 10	48. 48	850	16. 14. 01. 69	838. 68	119. 62
550	10. 30. 15. 22	546. 92	50. 27	860	16. 25. 29. 24	848. 28	122. 44
560	10. 41. 42. 77	556. 76	52. 12	870	16. 36. 56. 79	857. 86	125. 27
570	10. 53. 10. 32	566. 57	53. 99	880	16. 48. 24. 34	867. 42	128. 14
580	11. 04. 37. 87	576. 40	55. 90	890	16. 59. 51. 89	877. 00	131. 05
590	11. 16. 05. 42	586. 20	57. 83	900	17. 11. 19. 41	886. 56	134. 00
600	11. 27. 32. 95	596. 00	59. 80	910	17. 22. 46. 96	896. 11	136. 06
610	11. 39. 00. 50	605. 80	61. 80	920	17. 34. 14. 54	905. 66	139. 96
620	11. 50. 28. 05	615. 80	63. 84	930	17. 45. 42. 09	915. 17	143. 00
630	12. 01. 55. 60	625. 38	65. 90	940	17. 57. 09. 64	924. 70	146. 06
640	12. 13. 23. 15	635. 14	68. 00	950	18. 08. 37. 19	934. 20	149. 16
650	12. 24. 50. 70	644. 90	70. 12	960	18. 20. 04. 74	943. 70	152. 30
660	12. 36. 18. 25	654. 64	72. 30	970	18. 31. 32. 29	953. 18	155. 46
670	12. 47. 45. 80	684. 44	74. 51	980	18. 42. 59. 84	962. 66	158. 64
680	12. 59. 13. 35	674. 18	76. 74	990	18. 54. 27. 39	972. 12	161. 87
690	13. 10. 40. 90	683. 92	79. 00	1000	19. 05. 54. 92	981. 58	165. 12
700	13. 22. 08. 44	693. 66	81. 30	1010	19. 17. 22. 47	991. 02	168. 41
710	13. 33. 35. 99	703. 38	83. 63	1020	19. 28. 50. 02	1000. 46	171. 74

Arcs.	Angles.	Sinus ou Abcisses.	Sinus-versés ou Ordonnés R (1-cos).	Arcs.	Angles.	Sinus ou Abcisses.	Sinus-versés ou Ordonnés R (1-cos)
^{m}	^{o}	^{m}	^{m}	^{m}	^{o}	^{m}	^{m}
1030	19.40.17.''57	1009.88	175.08				
1040	19.51.45.12	1019.30	178.46				
1050	20.03.12.67	1028.68	181.88				
1060	20.14.40.22	1038.08	185.32				
1070	20.26.07.77	1047.46	188.80				
1080	20.37.35.32	1056.82	192.32				
1090	20.49.02.87	1066.18	195.85				
1100	21.00.30.42	1075.52	199.42				
1110	21.11.57.97	1084.85	203.02				
1120	21.23.25.52	1094.16	206.64				
1130	21.34.53.07	1103.47	210.31				
1140	21.46.20.62	1112.76	214.00				
1150	21.57.48.17	1122.05	217.73				
1160	22.09.15.72	1131.32	221.48				
1170	22.20.43.27	1140.56	225.27				
1180	22.32.10.82	1149.80	229.08				
1190	22.43.38.37	1159.03	232.94				
1200	22.55.05.90	1168.26	236.82				
1210	23.06.33.45	1177.46	240.72				
1220	23.18.01.00	1186.66	244.66				
1230	23.29.28.55	1195.82	248.62				
1240	23.40.56.10	1205.00	252.64				
1250	23.52.23.65	1214.15	256.66				
1260	24.03.51.20	1223.28	260.12				
1270	24.15.18.75	1232.40	264.83				

Arcs.	Angles.	Sinus ou Abcisses.	Sinus-verses ou Ordonnés R (1-cos).	Arcs.	Angles.	Sinus ou Abcisses.	Sinus-verses ou Ordonnés R (1-cos).
m	0 , ,,	m	m	m	0 , ,,	m	m

CIRCONFÉRENCE D'UN RAYON DE 3500 ᴹ

R = 3500 ᴹ

Longueur de la circonférence $2 \pi R = 3,1415926 \times 7000 = 21991.^{m} 1485752$

Longueur de l'arc correspondant à
$$1° \ 0' \ 0'' \ldots \ldots \frac{2 \pi R}{360} = 61 . 08652382$$
$$0° \ 1' \ 0'' \ldots \ldots \frac{2 \pi R}{21600} = 1 . 018108735$$
$$0° \ 0' \ 1'' \ldots \ldots \frac{2 \pi R}{1296000} = 0 . 0169684795$$

Angle correspondant à un arc de 1^{m} $\ldots \ldots \frac{1296000}{2 \pi R} = 58''. 93280177$

Arcs.	Angles.	Sinus ou Abscisses.	Sinus-verses ou Ordonnés R(1-cos).	Arcs.	Angles.	Sinus ou Abscisses.	Sinus-verses ou Ordonnés R(1-cos).
m	o	m	m	m	o	m	m
10	0 . 09 . 49 . 33	10 . 00	0 . 01	210	3 . 26 . 15 . 89	209 . 87	6 . 39
20	0 . 19 . 38 . 66	20 . 00	0 . 06	220	3 . 36 . 05 . 22	219 . 86	6 . 91
30	0 . 29 . 27 . 98	30 . 00	0 . 12	230	3 . 45 . 54 . 54	229 . 83	7 . 56
40	0 . 39 . 17 . 31	40 . 00	0 . 23	240	3 . 55 . 43 . 87	239 . 81	8 . 25
50	0 . 49 . 06 . 64	50 . 00	0 . 36	250	4 . 05 . 33 . 20	249 . 79	8 . 92
60	0 . 58 . 55 . 97	60 . 00	0 . 51	260	4 . 15 . 22 . 53	259 . 76	9 . 65
70	1 . 08 . 45 . 30	70 . 00	0 . 70	270	4 . 25 . 11 . 86	269 . 73	10 . 41
80	1 . 18 . 34 . 62	79 . 99	0 . 81	280	4 . 35 . 01 . 18	279 . 70	11 . 19
90	1 . 28 . 23 . 95	89 . 99	1 . 16	290	4 . 44 . 50 . 51	289 . 67	12 . 01
100	1 . 38 . 13 . 28	99 . 99	1 . 43	300	4 . 54 . 39 . 84	299 . 63	12 . 85
110	1 . 48 . 02 . 61	109 . 98	1 . 73	310	5 . 04 . 29 . 17	309 . 60	13 . 72
120	1 . 57 . 51 . 94	119 . 98	2 . 06	320	5 . 14 . 18 . 50	319 . 53	14 . 62
130	2 . 07 . 41 . 26	129 . 97	2 . 41	330	5 . 24 . 07 . 82	329 . 55	15 . 55
140	2 . 17 . 30 . 59	139 . 96	2 . 80	340	5 . 33 . 57 . 15	339 . 47	16 . 50
150	2 . 27 . 19 . 92	149 . 95	3 . 21	350	5 . 43 . 46 . 48	349 . 42	17 . 48
160	2 . 37 . 09 . 25	159 . 94	3 . 66	360	5 . 53 . 35 . 81	359 . 37	18 . 50
170	2 . 46 . 58 . 58	169 . 93	4 . 15	370	6 . 03 . 25 . 14	369 . 31	19 . 54
180	2 . 56 . 47 . 90	179 . 92	4 . 63	380	6 . 13 . 14 . 46	379 . 25	20 . 61
190	3 . 06 . 37 . 23	189 . 91	5 . 16	390	6 . 23 . 03 . 79	389 . 19	21 . 71
200	3 . 16 . 26 . 56	199 . 89	5 . 71	400	6 . 32 . 53 . 12	399 . 13	22 . 83

Arcs.	Angles.	Sinus ou Abcisses.	Sinus-verses ou Ordonnés R.(1-cos)	Arcs.	Angles.	Sinus ou Abcisses.	Sinus-verses ou Ordonnés R.(1-cos)
410	6. 42. 42. 45	409. 17	23. 99	720	11. 47. 11. 62	715. 93	73. 80
420	6. 52. 31. 78	418. 99	25. 17	730	11. 57. 00. 94	724. 72	75. 85
430	7. 02. 21. 10	428. 92	26. 38	740	12. 06. 50. 27	734. 50	77. 94
440	7. 12. 10. 43	438. 84	27. 62	750	12. 16. 39. 60	744. 28	80. 04
450	7. 21. 59. 76	448. 76	28. 89	760	12. 26. 28. 93	754. 23	82. 19
460	7. 31. 49. 09	458. 68	30. 19	770	12. 36. 18. 26	763. 81	84. 36
470	7. 41. 38. 42	468. 59	31. 51	780	12. 46. 07. 58	773. 56	86. 55
480	7. 51. 27. 74	478. 49	32. 87	790	12. 55. 56. 91	783. 31	88. 78
490	8. 01. 17. 07	488. 40	34. 24	800	13. 05. 46. 24	793. 05	91. 03
500	8. 11. 06. 40	498. 30	35. 65	810	13. 15. 35. 57	802. 79	93. 39
510	8. 20. 55. 73	508. 20	37. 09	820	13. 25. 24. 90	799. 53.	95. 62
520	8. 30. 45. 06	518. 10	38. 56	830	13. 35. 14. 22	822. 24	97. 95
530	8. 40. 34. 38	527. 98	40. 05	840	13. 45. 03. 55	831. 96	100. 32
540	8. 50. 23. 71	537. 86	41. 57	850			
550	9. 00. 13. 04	547. 74	43. 33	860			
560	9. 10. 02. 37	557. 64	44. 45	870			
570	9. 19. 51. 70	567. 48	46. 31	880			
580	9. 29. 41. 02	577. 35	47. 95	890			
590	9. 39. 30. 35	587. 22	49. 61	900			
600	9. 49. 19. 68	597. 06	51. 30	910			
610	9. 59. 09. 01	606. 92	53. 03	920			
620	10. 08. 58. 34	616. 77	54. 77	930			
630	10. 18. 47. 66	626. 60	56. 55	940			
640	10. 28. 36. 99	636. 44	58. 35	950			
650	10. 38. 26. 32	646. 27	60. 18	960			
660	10. 48. 15. 65	656. 10	62. 04	970			
670	10. 58. 04. 98	665. 92	63. 93	980			
680	11. 07. 54. 30	675. 73	65. 85	990			
690	11. 17. 43. 63	685. 54	67. 70	1000			
700	11. 27. 32. 96	695. 34	69. 77	1010			
710	11. 37. 22. 29	704. 14	71. 77	1020			

Arcs.	Angles.	Sinus ou Abcisses.	Sinus-versés ou Ordonnés R (1-cos).	Arcs.	Angles.	Sinus ou Abcisses.	Sinus-versés ou Ordonnés R (1-cos).
m	o , ,,	m	m	m	o , ,,	m	m

Arcs.	Angles.	Sinus ou Abcisses.	Sinus-versés ou Ordonnés R (1-cos).	Arcs.	Angles.	Sinus ou Abcisses.	Sinus-versés ou Ordonnés R (1-cos).
m	o , ,,	m	m	m	o , ,,	m	m

CIRCONFÉRENCE D'UN RAYON DE 4000 M.

R = 4000 M

Longueur de la circonférence $2 \pi R = 3.1415926 \times 8000 = 25132^{m}7408$

Longueur de l'arc correspondant à
$$1^\circ\ 0'\ 0'' \dots \frac{2 \pi R}{360} = 69.8132$$
$$0^\circ\ 1'\ 0'' \dots \frac{2 \pi R}{21600} = 1.1635$$
$$0^\circ\ 0'\ 1'' \dots \frac{2 \pi R}{1296000} = 0.01939$$

Angle correspondant à un arc de $1^m \dots \dfrac{1296000}{2 \pi R} = 51''5662.$

Arcs.	Angles.	Sinus ou Abscisses.	Sinus-verses ou Ordonnés R(1-cos).	Arcs.	Angles.	Sinus ou Abscisses.	Sinus-verses ou Ordonnés R(1-cos).
m	° . ' . ''	m	m	m	° . ' . ''	m	m
10	0. 08. 35. 66	10.00	0.03	210	3. 00. 28. 90	209.91	5.51
20	0. 17. 11. 32	20.00	0.08	220	3. 09. 04. 56	219.90	6.04
30	0. 25. 46. 98	30.00	0.13	230	3. 17. 40. 22	229.88	6.61
40	0. 34. 22. 64	40.00	0.20	240	3. 26. 15. 88	239.86	7.20
50	0. 42. 58. 30	50.00	0.32	250	3. 34. 51. 54	249.82	7.81
60	0. 51. 33. 96	60.00	0.44	260	3. 43. 27. 20	259.80	8.44
70	1. 00. 09. 62	70.00	0.60	270	3. 52. 02. 86	269.79	9.11
80	1. 08. 45. 28	80.00	0.80	280	4. 00. 38. 52	279.76	9.80
90	1. 17. 20. 94	90.00	1.02	290	4. 09. 14. 18	289.74	10.50
100	1. 25. 56. 62	99.98	1.28	300	4. 17. 49. 86	299.72	11.24
110	1. 34. 32. 28	109.98	1.52	310	4. 26. 25. 52	309.68	12.01
120	1. 43. 07. 94	119.98	1.80	320	4. 35. 01. 18	319.66	12.80
130	1. 51. 43. 60	129.97	2.12	330	4. 43. 36. 84	329.63	13.60
140	2. 00. 19. 26	139.96	2.46	340	4. 52. 12. 50	339.58	14.44
150	2. 08. 54. 92	149.96	2.84	350	5. 00. 48. 16	349.56	15.30
160	2. 17. 30. 58	159.96	3.20	360	5. 09. 23. 82	359.52	16.18
170	2. 26. 06. 24	169.95	3.61	370	5. 17. 59. 48	369.48	17.10
180	2. 34. 41. 90	179.94	4.05	380	5. 26. 35. 14	379.44	18.04
190	2. 43. 17. 56	189.93	4.51	390	5. 35. 10. 80	389.39	19.00
200	2. 51. 53. 24	199.92	5.00	400	5. 43. 46. 48	399.32	19.98

Arcs.	Angles.	Sinus ou Abcisses.	Sinus verses ou Ordonnées R(1-cos).	Arcs.	Angles.	Sinus ou Abcisses.	Sinus verses ou Ordonnées R(1-cos).
410	5. 52. 22. 14	409. 28	21. 00	720	10. 18. 47. 64	716. 12	64. 64
420	6. 00. 57. 80	419. 24	22. 04	730	10. 27. 23. 30	725. 95	66. 43
430	6. 09. 33. 46	429. 16	23. 09	740	10. 35. 58. 96	735. 80	68. 26
440	6. 18. 09. 12	439. 12	24. 16	750	10. 44. 34. 62	745. 62	70. 11
450	6. 26. 44. 78	449. 06	25. 21	760	10. 53. 10. 28	755. 44	72. 00
460	6. 35. 20. 44	458. 98	26. 42	770	11. 11. 45. 94	765. 25	73. 88
470	6. 43. 56. 10	468. 92	27. 51	780	11. 10. 21. 60	775. 06	75. 80
480	6. 52. 31. 76	478. 84	28. 76	790	11. 18. 57. 26	784. 87	77. 76
490	7. 01. 07. 42	488. 77	29. 97	800	11. 27. 32. 96	794. 68	79. 72
500	7. 09. 43. 08	498. 70	31. 22	810	11. 36. 08. 62	804. 48	81. 73
510	7. 18. 18. 74	508. 64	32. 48	820	11. 44. 44. 28	814. 26	83. 76
520	7. 26. 54. 40	518. 52	33. 76	830	11. 53. 19. 94	824. 06	85. 81
530	7. 35. 30. 06	528. 45	35. 06	840	12. 01. 55. 60	833. 84	87. 88
540	7. 44. 05. 72	538. 36	36. 40	850	12. 10. 31. 26	843. 61	89. 97
550	7. 52. 41. 38	548. 26	37. 76	860	12. 19. 06. 92	853. 40	92. 10
560	8. 01. 17. 04	558. 20	39. 16	870	12. 27. 42. 58	863. 16	94. 24
570	8. 09. 52. 70	568. 08	40. 55	880	12. 36. 18. 24	872. 92	96. 40
580	8. 18. 28. 36	577. 96	41. 98	890	12. 44. 53. 90	882. 68	98. 60
590	8. 27. 04. 02	587. 86	43. 43	900	12. 53. 29. 56	892. 44	100. 84
600	8. 35. 39. 72	597. 76	44. 92	910	13. 02. 05. 22	902. 17	103. 07
610	8. 44. 15. 38	607. 63	46. 42	920	13. 10. 40. 88	911. 90	105. 32
620	8. 52. 51. 04	617. 50	47. 94	930	13. 19. 16. 54	921. 65	107. 63
630	9. 01. 26. 70	627. 40	49. 50	940	13. 27. 52. 20	931. 36	109. 94
640	9. 10. 02. 36	637. 28	51. 08	950	13. 36. 27. 86	941. 13	112. 28
650	9. 18. 38. 02	647. 14	52. 70	960	13. 45. 03. 52	950. 80	114. 84
660	9. 27. 13. 68	657. 02	54. 32	970	13. 53. 39. 18	960. 52	117. 04
670	9. 35. 49. 34	666. 88	55. 98	980	14. 02. 14. 84	970. 22	119. 46
680	9. 44. 25. 00	676. 72	57. 68	990	14. 10. 50. 50	979. 91	121. 88
690	9. 53. 00. 66	686. 57	59. 38	1000	14. 19. 25. 20	989. 60	124. 36
700	10. 01. 36. 32	696. 42	61. 12	1010	14. 28. 01. 86	999. 30	126. 84
710	10. 10. 11. 98	706. 28	62. 85	1020	14. 36. 37. 52	1009. 30	129. 34

Arcs.	Angles.	Sinus ou Abscisses.	Sinus-verses ou Ordonnés R(1-cos).	Arcs.	Angles.	Sinus ou Abscisses.	Sinus-verses ou Ordonnés R(1-cos).
1030	14. 45. 13. 18	1018. 65	131. 88	1340	19. 11. 38. 68	1315. 08	222. 36
1040	14. 53. 48. 84	1028. 32	134. 44	1350	19. 20. 14. 34	1324. 52	225. 65
1050	15. 02. 24. 50	1037. 99	137. 02	1360	19. 28. 52. 00	1333. 46	229. 00
1060	15. 11. 00. 16	1047. 64	139. 64	1370	19. 37. 25. 66	1343. 38	232. 33
1070	15. 19. 35. 82	1057. 29	142. 26	1380	19. 46. 01. 32	1352. 78	235. 70
1080	15. 28. 11. 48	1066. 92	144. 92	1390	19. 54. 36. 98	1362. 19	239. 10
1090	15. 36. 47. 14	1076. 56	147. 60	1400	20. 03. 12. 68	1371. 60	242. 52
1100	15. 45. 22. 80	1086. 20	150. 30	1410	20. 11. 48. 34	1380. 98	245. 95
1110	15. 53. 58. 46	1095. 82	153. 02	1420	20. 20. 24. 00	1390. 36	249. 40
1120	16. 02. 34. 12	1105. 44	155. 78	1430	20. 28. 59. 66	1399. 74	252. 90
1130	16. 11. 09. 78	1115. 03	158. 56	1440'	20. 37. 35. 32	1409. 10	256. 40
1140	16. 19. 45. 44	1124. 62	161. 36	1450'	20. 46. 10. 98	1418. 45	259. 95
1150	16. 28. 21. 10	1134. 22	164. 18	1460'	20. 54. 46. 64	1427. 80	263. 52
1160	16. 36. 56. 76	1143. 80	167. 04	1470	21. 03. 22. 30	1437. 13	267. 10
1170	16. 45. 32. 42	1153. 38	169. 90	1480	21. 11. 57. 96	1446. 48	270. 70
1180	16. 54. 08. 08	1162. 96	172. 78	1490	21. 20. 33. 62	1455. 79	274. 32
1190	17. 02. 43. 74	1172. 53	175. 71	1500	21. 29. 09. 28	1465. 10	277. 98
1200	17. 11. 19. 44	1182. 08	178. 64	1510	21. 37. 44. 94	1474. 39	281. 64
1210	17. 19. 55. 10	1191. 63	181. 61	1520	21. 46. 20. 60	1483. 68	285. 32
1220	17. 28. 30. 76	1201. 18	184. 62	1530	21. 54. 56. 26	1492. 76	289. 05
1230	17. 37. 06. 42	1210. 70	187. 64	1540	22. 03. 31. 92	1502. 14	292. 80
1240	17. 45. 42. 08	1220. 24	190. 68	1550	22. 12. 07. 58	1511. 50	296. 56
1250	17. 54. 17. 74	1229. 76	193. 73	1560	22. 20. 43. 24	1520. 76	300. 36
1260	18. 02. 53. 40	1239. 26	196. 80	1570	22. 29. 18. 90	1530. 00	304. 18
1270	18. 11. 29. 06	1248. 79	199. 93	1580	22. 37. 54. 56	1539. 22	308. 02
1280	18. 20. 04. 72	1258. 28	203. 06	1590	22. 46. 30. 22	1548. 45	311. 87
1290	18. 28. 40. 38	1267. 75	206. 21	1600	22. 55. 05. 92	1557. 68	315. 76
1300	18. 37. 16. 04	1277. 27	209. 40	1610	23. 03. 41. 58	1566. 89	319. 66
1310	18. 45. 51. 70	1286. 71	212. 80	1620	23. 12. 17. 24	1576. 08	323. 58
1320	18. 54. 27. 36	1296. 16	215. 84	1630	23. 20. 52. 90	1585. 26	327. 54
1330	19. 03. 03. 12	1305. 62	219. 18	1640	23. 29. 28. 56	1594. 94	331. 52

Arcs	Angles	Sinus ou Abcisses	Sinus-verses ou Ordonnés R(1-cos)	Arcs	Angles	Sinus ou Abcisses	Sinus-verses ou Ordonnés R(1-cos)
1650	23.38.04".22	1603.60	335.51				
1660	23.46.39.88	1612.76	339.54				
1670	23.55.15.54	1621.90	343.58				
1680	24.03.51.20	1631.04	347.64				
1690	24.12.26.86	1640.17	351.74				
1700	24.21.02.52	1649.28	355.84				
1710	24.29.38.18	1658.38	359.98				
1720	24.38.13.84	1667.48	364.14				
1730	24.46.49.50	1676.58	368.32				
1740	24.55.25.16	1685.64	372.52				
1750	25.04.00.82	1694.70	376.74				
1760	25.12.36.48	1703.76	381.00				
1770	25.21.12.14	1712.82	385.26				
1780	25.29.47.80	1721.86	389.56				
1790	25.38.23.46	1730.86	393.88				
1800	26.46.59.16	1739.88	398.24				

CIRCONFÉRENCE D'UN RAYON DE 4500ᴹ

R = 4500 ᴹ

Longueur de la circonférence $2\pi R = 3.1415926 \times 9000 = 28274^{\text{m}} 3338824$

Longueur de l'arc correspondant à

$$1° 0' 0'' \ldots\ldots \frac{2\pi R}{360} = 78 . 53981634$$

$$0° 1' 0'' \ldots\ldots \frac{2\pi R}{21600} = 1 . 3089996945$$

$$0° 0' 1'' \ldots\ldots \frac{2\pi R}{1296000} = 0 . 0218166165$$

Angle correspondant à un arc de 1ᵐ $\ldots\ldots \dfrac{1296000}{2\pi R} = 45''. 8366236103$

Arcs.	Angles.	Sinus ou Abscisses.	Sinus-verses ou Ordonnés R (1-cos).	Arcs.	Angles.	Sinus ou Abscisses.	Sinus-verses ou Ordonnés R (1-cos).
m	° ′ ″	m	m	m	° ′ ″	m	m
10	0. 07. 38. 36	10. 00	0. 01	210	2. 40. 25. 69	209. 93	4. 90
20	0. 15. 16. 73	20. 00	0. 04	220	2. 48. 04. 06	210. 91	5. 38
30	0. 22. 55. 10	30. 00	0. 10	230	2. 55. 42. 42	224. 89	5. 88
40	0. 30. 33. 46	40. 00	0. 18	240	3. 03. 20. 78	239. 87	6. 39
50	0. 38. 11. 83	50. 00	0. 28	250	3. 10. 59. 15	249. 87	6. 94
60	0. 45. 50. 20	60. 00	0. 40	260	3. 18. 37. 52	259. 85	7. 51
70	0. 53. 28. 56	70. 00	0. 55	270	3. 26. 15. 89	269. 84	8. 10
80	1. 01. 06. 93	80. 00	0. 71	280	3. 33. 54. 25	279. 82	8. 73
90	1. 08. 45. 30	90. 00	0. 90	290	3. 41. 32. 61	289. 80	9. 34
100	1. 16. 23. 66	99. 99	1. 11	300	3. 49. 10. 99	299. 77	10. 01
110	1. 24. 02. 03	109. 99	1. 35	310	3. 56. 49. 35	309. 74	10. 67
120	1. 31. 40. 39	119. 99	1. 60	320	4. 04. 27. 72	319. 72	11. 35
130	1. 39. 18. 76	129. 98	1. 88	330	4. 12. 06. 08	329. 71	12. 00
140	1. 46. 57. 12	139. 97	2. 17	340	4. 19. 44. 45	339. 67	12. 84
150	1. 54. 35. 49	149. 97	2. 48	350	4. 27. 22. 81	349. 65	13. 60
160	2. 02. 13. 86	159. 96	2. 84	360	4. 35. 01. 19	359. 61	14. 40
170	2. 09. 52. 23	169. 95	3. 21	370	4. 42. 39. 55	369. 58	15. 23
180	2. 17. 30. 59	179. 95	3. 60	380	4. 50. 17. 91	379. 55	16. 05
190	2. 25. 08. 95	189. 94	4. 11	390	4. 57. 56. 28	389. 52	16. 89
200	2. 32. 47. 32	199. 94	4. 44	400	5. 05. 34. 65	399. 48	17. 77

Arcs.	Angles.	Sinus ou Abcisses.	Sinus verses ou Ordonnées. R(1-cos)	Arcs.	Angles.	Sinus ou Abcisses.	Sinus verses ou Ordonnées. R(1-cos)
410	5.13.13.02	409.43	18.67	720	9.10.02.39	716.94	57.47
420	5.20.51.38	419.39	19.59	730	9.17.40.74	726.43	59.08
430	5.28.29.75	429.34	20.51	740	9.25.19.10	736.65	60.70
440	5.36.08.11	439.30	21.47	750	9.32.57.47	746.55	62.36
450	5.43.46.47	449.25	22.48	760	9.40.35.83	756.41	64.03
460	5.51.24.83	459.20	23.52	770	9.48.14.20	766.24	65.72
470	5.59.03.21	469.14	24.53	780	9.55.52.57	776.12	67.52
480	6.06.41.58	479.09	25.59	790	10.03.30.93	785.95	69.17
490	6.14.19.94	489.03	26.65	800	10.11.09.30	795.78	70.92
500	6.21.58.31	498.97	27.74	810	10.18.47.67	805.63	72.71
510	6.29.36.67	508.91	28.86	820	10.26.26.05	815.49	74.52
520	6.37.15.04	518.84	30.02	830	10.34.04.41	825.30	76.34
530	6.44.53.41	528.78	31.18	840	10.41.42.76	835.16	78.18
540	6.52.31.78	538.72	32.35	850	10.49.21.13	844.95	80.04
550	7.00.10.14	548.63	33.55	860	10.56.59.50	854.77	81.92
560	7.07.48.51	558.56	34.79	870	11.04.37.86	864.59	83.83
570	7.15.26.86	568.47	35.95	880	11.12.16.23	874.35	85.77
580	7.23.05.22	578.40	37.34	890	11.19.54.58	884.20	87.73
590	7.30.43.60	588.31	38.62	900	11.27.32.94	893.97	89.43
600	7.38.21.97	598.22	39.95	910	11.35.11.30	903.91	91.70
610	7.00.46.34	608.13	41.39	920	11.42.49.65	913.59	93.72
620	7.53.38.71	618.04	42.64	930	11.50.28.04	923.47	95.75
630	8.01.17.07	627.95	44.01	940	11.58.06.43	933.16	97.81
640	8.08.55.44	637.84	45.41	950	12.05.44.79	942.96	99.92
650	8.16.33.90	647.74	46.93	960			
660	8.24.12.17	657.63	48.32	970			
670	8.31.50.54	667.64	49.80	980			
680	8.39.28.90	677.43	51.29	990			
690	8.47.07.27	687.30	52.83	1000			
700	8.54.45.64	697.19	54.33	1010			
710	9.02.24.01	707.06	55.90	1020			

Arcs.	Angles.	Sinus ou Abcisses.	Sinus-verses ou Ordonnés R (1-cos).	Arcs.	Angles.	Sinus ou Abcisses.	Sinus-verses ou Ordonnés R (1-cos).
R.	0 , ,,	m	m	m	0 , ,,	m.	m

Arcs.	Angles.	Sinus ou Abcisses.	Sinus-verses ou Ordonnés R (1-cos).	Arcs.	Angles.	Sinus ou Abcisses.	Sinus-verses ou Ordonnés R (1-cos).
m	o , ,,	m	m	m	o , ,,	m	m

CIRCONFÉRENCE D'UN RAYON DE 5000.M
R = 5000 M

Longueur de la circonférence $2\pi R = 3{,}1415926 \times 10.000. = 31.415^m\ 926536$

Longueur de l'arc correspondant à
$$1°\ 0'\ 0''\ \dots\ \frac{2\pi R}{360} = 87.\ 2664626$$
$$0°\ 1'\ 0''\ \dots\ \frac{2\pi R}{21600} = 1.\ 45444105$$
$$0°\ 0'\ 1''\ \dots\ \frac{2\pi R}{1296000} = 0.\ 02424065$$

Angle correspondant à un arc de 1^m $\dots\ \dfrac{1296000}{2\pi R} = 41''.\ 25296121$

Arcs	Angles	Sinus ou Abscisses	Sinus-verses ou Ordonnés R(1-cos)	Arcs	Angles	Sinus ou Abscisses	Sinus-verses ou Ordonnés R(1-cos)
10	0. 06. 52'' 53	10. 00	0. 01	210	2. 24. 23'' 12	209. 93	4. 42
20	0. 13. 45. 06	20. 00	0. 04	220	2. 31. 15. 65	219. 92	4. 84
30	0. 20. 37. 59	30. 00	0. 09	230	2. 38. 08. 18	229. 91	5. 29
40	0. 27. 30. 12	40. 00	0. 16	240	2. 45. 00. 71	239. 90	5. 76
50	0. 34. 22. 65	50. 00	0. 25	250	2. 51. 53. 24	249. 89	6. 28
60	0. 41. 15. 18	60. 00	0. 36	260	2. 58. 45. 77	259. 88	6. 70
70	0. 48. 07. 71	70. 00	0. 49	270	3. 05. 38. 30	269. 87	7. 28
80	0. 55. 00. 24	80. 00	0. 64	280	3. 12. 30. 83	279. 86	7. 84
90	1. 01. 52. 77	90. 00	0. 81	290	3. 19. 23. 36	289. 84	8. 40
100	1. 08. 45. 30	99. 99	1. 00	300	3. 26. 15. 89	299. 82	9. 00
110	1. 15. 37. 82	109. 99	1. 21	310	3. 33. 08. 42	309. 80	9. 61
120	1. 22. 30. 35	119. 98	1. 44	320	3. 40. 00. 95	319. 78	10. 24
130	1. 29. 22. 88	129. 98	1. 69	330	3. 46. 53. 48	329. 76	10. 88
140	1. 36. 15. 41	139. 98	1. 96	340	3. 53. 46. 01	339. 74	11. 55
150	1. 43. 07. 94	149. 98	2. 25	350	4. 00. 38. 53	349. 72	12. 25
160	1. 50. 00. 47	159. 98	2. 56	360	4. 07. 31. 06	359. 70	12. 96
170	1. 56. 53. 00	169. 97	2. 89	370	4. 14. 23. 59	369. 67	13. 68
180	2. 03. 45. 53	179. 96	3. 24	380	4. 21. 16. 12	379. 64	14. 44
190	2. 10. 38. 06	189. 95	3. 61	390	4. 28. 08. 65	389. 61	15. 01
200	2. 17. 30. 59	199. 94	4. 00	400	4. 35. 01. 18	399. 58	16. 00

Arcs.	Angles.	Sinus ou Abcisses.	Sinus-verses ou Ordonnés R(1-cos).	Arcs.	Angles.	Sinus ou Abcisses.	Sinus-verses ou Ordonnés R(1-cos)
410	4. 41. 53. 71	409. 54	16. 80	720	8. 15. 02. 12	717. 52	51. 76
420	4. 48. 46. 24	419. 50	17. 62	730	8. 21. 54. 66	727. 41	53. 20
430	4. 55. 38. 77	429. 47	18. 48	740	8. 28. 47. 19	737. 30	54. 66
440	5. 02. 31. 30	439. 44	19. 34	750	8. 35. 39. 72	747. 19	56. 13
450	5. 09. 23. 83	449. 40	20. 25	760	8. 42. 32. 25	757. 08	57. 61
460	5. 16. 16. 36	459. 36	21. 14	770	8. 49. 24. 78	766. 96	59. 17
470	5. 23. 08. 89	469. 31	22. 07	780	8. 56. 17. 31	776. 84	60. 72
480	5. 30. 01. 42	479. 26	23. 02	790	9. 03. 09. 84	786. 72	62. 28
490	5. 36. 53. 95	489. 21	23. 95	800	9. 10. 02. 37	796. 59	63. 66
500	5. 43. 46. 48	499. 16	24. 98	810	9. 16. 54. 90	806. 46	65. 45
510	5. 50. 39. 01	509. 11	26. 00	820	9. 23. 47. 43	816. 33	67. 09
520	5. 57. 31. 54	519. 06	27. 02	830	9. 30. 39. 96	826. 20	68. 73
530	6. 04. 24. 07	529. 01	27. 95	840	9. 37. 32. 49	836. 07	70. 40
540	6. 11. 16. 60	538. 96	29. 14	850	9. 44. 25. 02	845. 92	72. 08
550	6. 18. 09. 12	548. 90	30. 28	860	9. 51. 17. 55	855. 76	73. 78
560	6. 25. 01. 65	558. 84	31. 32	870	9. 58. 10. 08	865. 61	75. 50
570	6. 31. 54. 18	568. 77	32. 46	880	10. 05. 02. 60	875. 46	77. 24
580	6. 38. 46. 71	578. 70	33. 66	890	10. 11. 55. 13	885. 30	79. 00
590	6. 45. 39. 24	589. 63	34. 77	900	10. 18. 47. 66	895. 15	80. 78
600	6. 52. 31. 77	598. 56	35. 96	910	10. 25. 40. 19	904. 98	82. 58
610	6. 59. 24. 30	608. 49	37. 17	920	10. 32. 32. 72	914. 82	84. 40
620	7. 06. 16. 83	618. 42	38. 41	930	10. 39. 25. 25	924. 65	86. 25
630	7. 13. 09. 36	628. 34	39. 63	940	10. 46. 17. 78	934. 47	88. 10
640	7. 20. 01. 89	638. 26	40. 92	950	10. 53. 10. 31	944. 29	89. 98
650	7. 26. 54. 42	648. 17	42. 19	960	11. 00. 02. 84	954. 11	91. 88
660	7. 33. 46. 95	658. 08	43. 50	970	11. 06. 55. 37	963. 93	93. 62
670	7. 40. 39. 47	667. 99	44. 82	980	11. 13. 47. 90	973. 74	95. 73
680	7. 47. 32. 01	677. 90	46. 16	990	11. 20. 40. 43	983. 54	97. 69
690	7. 54. 24. 53	687. 81	47. 53	1000	11. 27. 32. 96	993. 35	99. 67
700	8. 01. 17. 07	697. 72	48. 93	1010			
710	8. 08. 09. 59	707. 62	50. 33	1020			

Arcs.	Angles.	Sinus ou Abcisses.	Sinus-verses ou Ordonnés R (1−cos).	Arcs.	Angles.	Sinus ou Abcisses.	Sinus-verses ou Ordonnés R (1−cos).
m	$^{\circ}$ $'$ $''$	m	m	m	$^{\circ}$ $'$ $''$	m	m

Arcs.	Angles.	Sinus ou Abcisses.	Sinus-verses ou Ordonnés R (1-cos).	Arcs.	Angles.	Sinus ou Abcisses.	Sinus-verses ou Ordonnés R (1-cos).
m	o , ,,	m	m	m	o , ,,	m	m